Altlastenkataster und Datenschutz

Altlastenkataster und Datenschutz

Handlungsempfehlungen für die Einsichtnahme in
Kataster kontaminationsverdächtiger Flächen

von Edmund Brandt
unter Mitarbeit von Klaus Iven

EBERHARD BLOTTNER VERLAG · TAUNUSSTEIN

Die Veröffentlichung „Altlastenkataster und Datenschutz" ist Bestandteil des Forschungsvorhabens „Methodik eines Handlungsmodells zur Abschätzung und Abwehr der Gefahren aus den Altlasten einer Region (Handlungsmodell Altlasten)".

Das diesem Bericht zugrundliegende Vorhaben wurde mit Mitteln des Bundesministers für Forschung und Technologie unter dem Förderkennzeichen 325–0339103A gefördert. An der Finanzierung dieses vom Stadtverband Saarbrücken durchgeführten Forschungsvorhabens waren folgende regionale Behörden und Institutionen maßgeblich beteiligt:

Minister für Umwelt des Saarlandes
Kommunaler Abfallentsorgungsverband Saar
Stadtwerke Saarbrücken
Abwasserverband Saar
Saarstahl Völklingen GmbH
Halbergerhütte GmbH, Saarbrücken
Saarbergwerke AG und
Stadtverband Saarbrücken

Die Veranwortung für den Inhalt dieser Veröffentlichung liegt beim Autor.

CIP-Titelaufnahme der Deutschen Bibliothek:

Brandt, Edmund:
Altlastenkataster und Datenschutz:
Handlungsempfehlungen für die Einsichtnahme in Kataster kontaminationsverdächtiger Flächen /
von Edmund Brandt. Unter Mitarbeit von Klaus Iven. –

Taunusstein: Blottner, 1990
ISBN 3-89367-016-5
NE: Edmund Brandt

Das Werk ist urheberrechtlich geschützt.
Die dadurch begründeten Rechte, insbesondere die der Übersetzung, des Nachdruckes, der teilweisen Entnahme (von Textteilen, Tafeln, Tabellen, Abbildungen usw.), der Funksendung, der Wiedergabe auf fotomechanischem oder ähnlichem Wege (Fotokopie, Mikrokopie usw.) und der Speicherung in Datenverarbeitungsanlagen, bleiben – auch bei nur auszugsweiser Verwertung – vorbehalten.

© 1990, Eberhard Blottner Verlag, 6204 Taunusstein
Herstellung: LaserSatz R. Studt, Taunusstein
Umschlaggestaltung: M. Köster, Grafik-Design, München
Druck: Druckerei Dierks, Taunusstein
ISBN 3-89367-016-5

Vorwort

Sah man das Altlastenproblem ursprünglich ganz vorrangig als Problem, die richtige Sanierungstechnik einzusetzen, so besteht mittlerweile Übereinstimmung, daß angesichts seines lange Zeit nicht für möglich gehaltenen Ausmaßes und der Komplexität der auftretenden Fragestellungen ein intensives Zusammenwirken verschiedener Disziplinen erforderlich ist, um zu angemessenen Lösungen zu gelangen. Trotz dieser Einsicht ist bis in die jüngste Zeit verborgen - oder jedenfalls unbeachtet - geblieben, daß denkbarerweise auch Belange des Datenschutzes zu berücksichtigen sind, wenn systematisch Daten über kontaminationsverdächtige Flächen erhoben, aggregiert und weitergegeben werden. Namentlich der zuletzt genannte Vorgang, der unter der Perspektive der Schaffung von Transparenz in einem für einzelne Bürger, Gruppen oder sogar die Bevölkerung insgesamt zentralen Bereich essentiell ist, kann zu Konflikten mit datenschutzrechtlichen Erfordernissen führen. Hier setzt die vorliegende Untersuchung an. Ihr Anliegen ist es, einige wesentliche Fragen zu klären und damit einen Beitrag zur Überwindung der vielfach zu beobachtenden Handlungsunsicherheiten zu leisten.

Bei der Studie handelt es sich um die überarbeitete und erweiterte Fassung des Rechtsgutachtens, das im Auftrag des Stadtverbandes Saarbrücken erstellt und - mit Mitteln des BMFT gefördert - im Oktober 1989 unter dem Titel "Die Einsichtnahme in Kataster kontaminationsverdächtiger Flächen als Rechtsproblem" vorgelegt wurde. Für die Buchveröffentlichung wurden Literatur und Rechtsprechung bis März 1990 berücksichtigt.

Die Änderung des Bundesdatenschutzgesetzes, die nunmehr unmittelbar bevorsteht, hat auf die in der Studie gewonnenen Ergebnisse keine Auswirkungen. Weitgehend sind diese Ergebnisse, die sich am saarländischen Recht orientieren, auf die Situation in anderen Bundesländern übertragbar. Um insofern eine Prüfung im Detail zu ermöglichen, ist im Anhang u. a. das Saarländische Datenschutzgesetz abgedruckt.

Wertvolle Informationen zu dem der rechtlichen Prüfung zugrundeliegenden Sachproblem verdanke ich Herrn Dipl.-Ing. WOLFGANG SELKE, Saarbrücken, sowie Herrn Dipl.-Geol. DETLEF GERDTS, Wuppertal.

Herr Assessor KLAUS IVEN stand nicht nur als kenntnisreicher Diskussionspartner zur Verfügung; er hat auch Teile der Arbeit selbständig gestaltet. Ihm gilt ebenso mein Dank wie Frau BÄRBEL ISEKE für die rasche und zuverlässige Erledigung der Schreibarbeiten.

Hamburg, Mai 1990   Edmund Brandt

Inhaltsverzeichnis

Vorwort 5

Abkürzungsverzeichnis 9

1.   Einleitung 11
1.1.   Ausgangslage 11
1.2.   Mit der Untersuchung verfolgte Ziele 14
1.3.   Methodische Überlegungen, Gang der Untersuchung 14

2.   **Datenschutzrechtliche Aspekte** 15
2.1.   Anwendbarkeit des Saarländischen Datenschutzgesetzes 15
    2.1.1.   Datenverarbeitung im Sinne von § 1 Abs. 1 SDSG 16
    2.1.2.   Personenbezogene Daten im Sinne
            von § 3 Abs. 1 SDSG 17
        2.1.2.1 Einzelangaben über persönliche
               und sachliche Verhältnisse 18
        2.1.2.2 "Bestimmte oder bestimmbare natürliche
               Person" als Betroffener 20
        2.1.2.3 Zwischenergebnis 20
    2.1.3.   "Schutzwürdige Belange" im
            Sinne von § 1 Abs. 1 SDSG 21
    2.1.4.   Subsidiarität des Saarländischen
            Datenschutzgesetzes, § 2 Abs. 2 SDS 21

2.2.   Zulässigkeit der Einsichtnahme nach dem
       Saarländischen Datenschutzgesetz 23
    2.2.1.   Vereinbarkeit von § 16 SDSG mit dem Recht
            auf informationelle Selbstbestimmung 24
    2.2.2.   Übermittlung zur Erfüllung eigener Aufgaben -
            § 16 Abs. 1 2. HS 1. Alt. SDSG 30
    2.2.3.   Übermittlung im Interesse des Empfängers -
            § 16 Abs. 1 2. HS 2. Alt. SDSG 30
        2.2.3.1 Berechtigtes Interesse des Datenempfängers 31
        2.2.3.2 "Schutzwürdige Belange" des Betroffenen 34
        2.2.3.3 Abwägung der Interessen des Empfängers
               mit denen des Betroffenen 36

2.2.3.4 Feststellung der gesetzlichen Voraussetzungen 41
2.2.3.5 Sicherstellung einer dem Übermittlungszweck
entsprechenden Verwendung der Daten,
§ 16 Abs. 6, 7 SDSG 43
2.2.3.6 Konsequenzen der Rechtsprechung des Bundesverfassungsgerichts zum Recht auf informationelle
Selbstbestimmung für die Rahmenbedingungen
der Einsichtnahme 46
2.2.3.7 Rechte des Betroffenen 46

2.3. Datenschutz außerhalb des Anwendungsbereichs
des Saarländischen Datenschutzgesetzes 52
    2.3.1. Kartenausschnitte, soweit sie die Verhältnisse von
bestimmten oder bestimmbaren
natürlichen Personen betreffen 53
    2.3.2. Datensätze und Kartenausschnitte, soweit sie die Ver-
hältnisse von Personen betreffen, die von den bisherigen
Ausführungen noch nicht erfaßt wurden 55

**3. Vereinbarkeit mit der Wahrung von Betriebs-
und Geschäftsgeheimnissen** 60

4. Vereinbarkeit mit Art. 12 Abs. 1 GG 65

5. Vereinbarkeit mit Art. 14 GG 67
5.1. Schutzfähige Positionen und Träger des Grundrechts 67
5.2. Beeinträchtigungen des Eigentums an Grund und Boden 69
5.3. Beeinträchtigungen des Rechts am eingerichteten
und ausgeübtem Gewerbebetrieb 72

6. Zusammenfassung der Ergebnisse 73

Literaturverzeichnis 77

Anhang I: Saarländisches Datenschutzgesetz 83

Anhang II: Altlastenkataster regelnde Vorschriften
in den Landesabfallgesetzen (Stand: März 1990) 100

Sachregister 105

Abkürzungsverzeichnis

a.A.	andere Ansicht
Abb.	Abbildung
Abs.	Absatz
a.E.	am Ende
Alt.	Alternative
Amtsbl.	Amtsblatt
Anm.	Anmerkung
Art.	Artikel
BAT	Bundes-Angestelltentarifvertrag
BauGB	Baugesetzbuch
BDatSchG	Bundesdatenschutzgesetz
BDSchG	Bundesdatenschutzgesetz
BDSG	Bundesdatenschutzgesetz
BGB	Bürgerliches Gesetzbuch
BGH	Bundesgerichtshof
BGHZE	Bundesgerichtshof, Entscheidungssammlung in Zivilsachen
BMFT	Bundesministerium für Forschung und Technologie
BRRG	Beamtenrechtsrahmengesetz
BT-Drs.	Bundestagsdrucksache
BVerfGE	Bundesverfassungsgericht, Entscheidungssammlung
BVerfGG	Bundesverfassungsgerichtsgesetz
BVerwGE	Bundesverwaltungsgericht, Entscheidungssammlung
bzw.	beziehungsweise
ca.	circa
ChemG	Chemikaliengesetz
dergl.	dergleichen
Df.	Durchführung
d.h.	das heißt
DSG	Datenschutzgesetz
DSRegVO	Datenschutzregisterverordnung
DVBl.	Deutsches Verwaltungsblatt
EDV	elektronische Datenverarbeitung
f.	folgend
ff.	fortlaufend
GG	Grundgesetz
ggf.	gegebenenfalls
HS.	Halbsatz

Abkürzungsverzeichnis

i.S.d.	im Sinne des
i.V.m.	in Verbindung mit
KG	Kommanditgesellschaft
KO	Konkursordnung
KV-Kataster	Kataster kontaminationsverdächtiger Flächen
LfDRegHinw.	Der Landesbeauftragte für Datenschutz, Hinweis zur Durchführung des Saarländischen Datenschutzgesetzes (vom 17. Mai 1978), vom 12. Dez. 1978
M/D/H/S	Maunz/Dürig/Herzog/Scholz, Kommentar zum Grundgesetz
m.w.N.	mit weiteren Nachweisen
NJW	Neue Juristische Wochenschrift
Nr.	Nummer
NVwZ	Neue Zeitschrift für Verwaltungsrecht
o.g.	oben genannt
OHG	Offene Handelsgesellschaft
OLG	Oberlandesgericht
OVG	Oberverwaltungsgericht
RDV	Zeitschrift "Recht der Datenverarbeitung"
RdW	Recht der Wirtschaft (Österreichische Zeitschrift)
Rn.	Randnummer
S.	Seite
u.a.	siehe auch
SaarlVwVfG	Saarländisches Verwaltungsverfahrensgesetz
S/D/M/R	Simitis/Dammann/Mallmann/Reh, Kommentar zum Bundesdatenschutzgesetz
SDSG	Saarländisches Gesetz zum Schutz vor Mißbrauch personenbezogener Daten bei der Datenverarbeitung (Saarländisches Datenschutzgesetz)
StGB	Strafgesetzbuch
SVS	Stadtverband Saarbrücken
SVwVfG	Saarländisches Verwaltungsverfahrensgesetz
Überbl.	Überblick
usw.	und so weiter
UWG	Gesetz gegen den unlauteren Wettbewerb
v.	vom
vgl.	vergleiche
VwVfG	Verwaltungsverfahrensgesetz
z.B.	zum Beispiel
Ziff.	Ziffer
ZPO	Zivilprozeßordnung

1. Einleitung

1.1 Ausgangslage

Ohne eine systematische Erfassung der Flächen, die möglicherweise kontaminiert sind, erweist es sich als schwierig - wenn nicht sogar als unmöglich -, Sicherungs- und Sanierungsmaßnahmen effektiv und effizient durchzuführen. Deshalb verwundert auch nicht, daß dort, wo das Altlastenproblem im Kontext umweltpolitischer Problemstellungen einen vorrangigen Platz einnimmt - und das ist in allen alten industriellen Ballungsräumen so -, mehr oder weniger differenziert und mehr oder weniger detailliert, insgesamt aber in durchaus vergleichbarer Weise schon seit längerem Verzeichnisse derartiger Flächen angelegt werden.[1] Für diese Verzeichnisse hat sich die Bezeichnung Altlastenkataster eingebürgert.[2]

Die rechtlichen Bemühungen im Zusammenhang mit derartigen Katastern konzentrierten sich weitgehend auf die Frage, unter welchen Voraussetzungen sie angelegt werden und welche Daten sie enthalten dürfen. Dagegen wurde bislang noch wenig Aufmerksamkeit darauf verwendet zu untersuchen, was mit den einmal erlangten Daten geschehen darf. Daß sie aufbereitet, publiziert und weitergegeben werden dürfen, ist aber namentlich im Hinblick auf datenschutzrechtliche Anforderungen keineswegs selbstverständlich, zumindest bedarf es einer differenzierten Prüfung, bei der deutlich zwischen den verschiedenen denkbaren Formen des Umgangs mit den gewonnenen Daten unterschieden wird.

Das BMFT-Projekt "Methodik eines Handlungsmodells zur Abschätzung und Abwehr der Gefahren aus den Altlasten einer Region (Handlungsmodell Alt-

---

1 Mittlerweile ist dies aufgrund landesrechtlicher Bestimmungen z.T. sogar ausdrücklich vorgeschrieben. Siehe dazu die Zusammenstellung im Anhang.
2 Streng genommen ist diese Bezeichnung ungenau, u.U. sogar falsch, denn von einer Altlast sollte nur gesprochen werden, wenn erwiesen ist, daß von der betreffenden Fläche eine relevante Gefährdung ausgeht. Der bloße Kontaminationsverdacht macht eine Fläche also noch nicht zu einer Altlast. Der im weiteren Verlauf durchweg verwendete Terminus Altlastenkataster ist danach ein Zugeständnis an den allgemeinen Sprachgebrauch. Sofern inhaltlich Mißverständnisse entstehen könnten, wird jedoch an der jeweiligen Stelle weiter differenziert.

lasten)"[3] bietet für diese Prüfung sehr geeignete Anknüpfungspunkte. Im Rahmen dieses Vorhabens erfaßt der Stadtverband Saarbrücken seit 1984 kontaminationsverdächtige Standorte. Im September 1987 wurde die 7. Kartierungsphase abgeschlossen, 2118 Altablagerungen und kontaminationsverdächtige Standorte waren festgehalten.[4] Mittlerweile ist die Zahl auf 2500 angestiegen.[5] Um zu dem Datenbestand zu gelangen, werden verschiedene Quellen ausgewertet.[6]

Die erfaßten Flächen sind nicht in jedem Fall tatsächlich kontaminierte Gelände. Die Klärung der Frage, ob es sich um Altlasten handelt, ist weiteren Untersuchungen vorbehalten.[7]

Seit Februar 1988 erfolgt eine Digitalisierung und EDV-gerechte Aufbereitung der erfaßten Flächen und Daten.[8]

In dem auf diese Weise entstandenen Altlastenkataster sind Basisdaten über sowohl stillgelegte als auch in Betrieb befindliche Deponien, Produktionsstandorte, Dienstleistungsbetriebe und Infrastruktureinrichtungen enthalten. Im Kontext des Forschungsvorhabens stellt das Kataster die Grundlage für die nachfolgenden Stufen der Informationsverdichtung und Bewertung dar. Es enthält aber auch selbst insofern eine Bewertung, als die Einbeziehung der jeweiligen Fläche signalisiert, daß ein Kontaminationsverdacht nicht sicher auszuschließen ist. Für Einsichtnehmende ergibt sich daraus also ein Warnhinweis.

Der Stadtverband Saarbrücken ist inzwischen dazu übergegangen, das Kataster der interessierten Öffentlichkeit zugänglich zu machen. Der Ablauf sieht so aus, daß zunächst die in Frage kommenden Personenkreise darauf auf-

---

3   Zu dem Vorhaben insgesamt siehe SELKE/DORSTEWITZ, in: Erkundung und Sanierung von Altlasten, 1989, S. 51 ff.
4   Siehe STADTVERBAND SAARBRÜCKEN, Methodik und Erfahrungen bei der Bestandsaufnahme kontaminationsverdächtiger Flächen, Juli 1988, S. 9 (Abb. 5).
5   Siehe oben Fußnote 4.
6   Dazu ausführlich STADTVERBAND SAARBRÜCKEN. UMWELTAMT, Methodik der Erfassung kontaminationsverdächtiger Flächen unter Berücksichtigung der laufenden Produktion, Oktober 1989, S. 21 ff.
    Unterschieden wird in dem Zusammenhang zwischen Quellen zur Lokalisierung kontaminationsverdächtiger Standorte, Quellen zur Ermittlung der Standortnutzungsgeschichte, Quellen zur Einschätzung der Schadstoffausbreitungswege und schließlich Quellen zur Ermittlung von betroffenen Nutzungen und Schutzgütern.
7   Vgl. den entsprechenden Hinweis in: STADTVERBAND SAARBRÜCKEN (Fußn. 4), S. 8.
8   STADTVERBAND SAARBRÜCKEN (Fußn. 4), S. 9 (Abb. 5).

merksam gemacht werden, daß in die Unterlagen (Computerausdruck mit Anleitung) eingesehen werden kann. Die Einsichtnahme selbst erfolgt dann in den Räumen des Umweltamtes unter der Aufsicht von Stadtverbandsbediensteten.

In den zur Einsicht vorgesehenen Datensätzen finden sich keine Daten zu Boden- und Grundwasseranalysen. Das gleiche gilt für Produktionsdaten, die über den Informationsgehalt allgemein zugänglicher Quellen wie z.B. Adreß- oder Branchentelefonbücher hinausgehen. Zum Teil lassen sich aus den Daten die Eigentumsverhältnisse an den erfaßten Grundstücken ableiten.

1.2. Mit der Untersuchung verfolgte Ziele

In der Untersuchung geht es darum, die rechtlichen Fragen zu klären, die sich im Zusammenhang mit der Einsichtnahme in das Altlastenkataster stellen. Dabei ist zwischen materiellrechtlichen und verfahrensmäßigen Aspekten zu unterscheiden. Von den betroffenen Rechtsmaterien her steht das Datenschutzgesetz im Vordergrund; daneben sind Anforderungen zu thematisieren, die sich aus dem verfassungsrechtlich gewährleisteten Schutz von Betriebs- und Geschäftsgeheimnissen sowie namentlich aus Art. 12 und Art. 14 GG ergeben.

Die Fragen, die für das vom Stadtverband Saarbrücken installierte Altlastenkataster geprüft werden, dürften sich in ähnlicher Weise auch für in anderen Orten und Regionen eingerichteten Altlastenkatastern stellen, darüberhinaus zumindest in modifizierter Form auch für Kataster, die andere Gegenstände betreffen. Insofern hat die hier vorgenommene Untersuchung zumindest partiell exemplarischen Charakter.

1.3. Methodische Überlegungen, Gang der Untersuchung

Entsprechend dem Gewicht, das den datenschutzrechtlichen Problemen im Kontext der Studie zukommt, ist schwerpunktmäßig darauf zuerst einzugehen. Für die rechtliche Prüfung ergeben sich dabei zwei Bezugspunkte: Zum einen ist der tatsächliche Ablauf im Zusammenhang mit der Einsichtnahme im Auge zu behalten. Zum anderen sind die rechtlichen Fixpunkte zu beachten, wie sie sich positivrechtlich verankert im Saarländischen Datenschutzgesetz finden und wie sie inhaltlich ausgeformt sind durch die Rechtsprechung des Bundesverfassungsgerichts. Aus der Zusammenführung der verschiedenen Gesichtspunkte ergibt sich der Gang der Untersuchung für den datenschutzrechtlichen Teil.

Diese Überlegungen führen dazu, daß im Anschluß an die Ermittlung der Anwendbarkeit des Saarländischen Datenschutzgesetzes (unter 2.1.) detailliert die Zulässigkeit der Einsichtnahme nach diesem Gesetz zu prüfen ist (unter 2.2.). Zur Abrundung ist dann den datenschutzrechtlichen Fragen nachzugehen, die außerhalb des Anwendungsbereichs des Saarländischen Datenschutzgesetzes angesiedelt sind (unter 2.3.).

Im Verhältnis deutlich weniger problematisch erweist sich die Vereinbarkeit der beabsichtigten Einsichtnahme in das Kataster mit den Anforderungen, die sich aus der Wahrung des Betriebs- und Geschäftsgeheimnisses ergeben (dazu unter 3.), der Vereinbarkeit mit der Berufsfreiheit (dazu unter 4.) und schließlich der Vereinbarkeit mit dem Eigentumsschutz (dazu unter 5.). Die Ausführungen können dementsprechend auch vergleichsweise knapper gefaßt werden.

Durchgängig wird mit der Untersuchung nicht das Ziel verfolgt, neue Positionen zu den angeschnittenen Fragen zu entwickeln. Vielmehr wird immer da, wo dies möglich ist, versucht, unter sorgsamer Auslotung der vor allem in der Rechtsprechung vertretenen Auffassungen zu abgesicherten Lösungen zu gelangen. Allerdings muß vermerkt werden, daß gerade im Bereich des Datenschutzrechts die Dinge noch sehr im Fluß und weit entfernt von eindeutigen Klärungen sind. Hier ist es demzufolge gelegentlich unumgänglich, Neuland zu betreten. In der Studie wird darauf jeweils deutlich hingewiesen.

Die Konsequenzen aus den rechtlichen Überlegungen werden am Ende zusammenfassend dargestellt (unter 6.).

2. Datenschutzrechtliche Aspekte

Mit der Einsichtnahme in das Altlastenkataster könnten Tatbestände geschaffen werden, die vom Schutzbereich eines Datenschutzgesetzes umfaßt werden.

Zu prüfen ist insoweit zunächst die Anwendbarkeit des Saarländischen Datenschutzgesetzes (unten 2.1). Soweit sie zu bejahen ist, ist in einem zweiten Schritt zu untersuchen, ob und ggf. unter welchen Voraussetzungen die Einsichtnahme in das Kataster nach den einschlägigen datenschutzrechtlichen Vorschriften zulässig ist (ggf. unten 2.2.). Soweit die Anwendbarkeit des Datenschutzgesetzes hingegen ganz oder teilweise zu verneinen ist, wird zu prüfen sein, ob und ggf. inwieweit sich ein Schutz der Daten und damit eine Beschränkung der Einsichtnahme bis hin zu deren Ausschluß unmittelbar aus dem Recht auf informationelle Selbstbestimmung ergibt (unten 2.2. bzw. 2.3.). Der Schutz personenbezogener Daten ist nämlich, wie das Bundesverfassungsgericht in einer neueren Entscheidung ausdrücklich festgestellt hat,[9] nicht auf den jeweiligen Anwendungsbereich der Datenschutzgesetze des Bundes und der Länder oder datenschutzrelevanter gesetzlicher Sonderregelungen beschränkt.

2.1. Anwendbarkeit des Saarländischen Datenschutzgesetzes (SDSG)

Die Zulässigkeit der Einsichtnahme in das Altlastenkataster bestimmt sich nach den Vorschriften des Saarländischen Gesetzes zum Schutz vor Mißbrauch bei der Datenverarbeitung (Saarländisches Datenschutzgesetz - SDSG) vom 17.5.1978, sofern und soweit hierbei ein Tatbestand geschaffen wird, der in den Anwendungsbereich dieses Gesetzes fällt.

Nach § 2 Abs. 1 SDSG gelten die Vorschriften dieses Gesetzes für die Verarbeitung personenbezogener Daten durch die Gerichte und die Behörden des Landes, der Gemeinden und Gemeindeverbände und die sonstigen der Aufsicht des Landes unterstehenden juristischen Personen des öffentlichen Rechts. Diese sind öffentliche Stellen im Sinne des Gesetzes.

Bei dem Stadtverband Saarbrücken handelt es sich um eine öffentliche Stelle im Sinne des SDSG.

---

9   BVerfGE 78, 77 (84) = NJW 1988, 2031 (2031).

Das SDSG ist daher anwendbar, soweit die nachfolgende Untersuchung ergibt, daß es sich bei der Einsichtnahme in das Kataster, d.h. die Karten und Datensätze, um eine Datenverarbeitung (unten 2.1.1.) personenbezogener Daten (unten 2.1.2.) handelt. Zudem ist zu prüfen, ob schutzwürdige Belange des von der Einsichtnahme Betroffenen berührt werden (unten 2.1.3.). Dies folgt aus § 1 Abs. 1 SDSG, der bestimmt, daß die Aufgabe des Datenschutzes allein darin besteht, der Beeinträchtigung schutzwürdiger Belange des Betroffenen entgegenzuwirken. Schließlich ist festzustellen, ob im Hinblick auf die Einsichtnahme in ein Altlastenkataster besondere Vorschriften über den Datenschutz bestehen (unten 2.1.4.). Sollte das der Fall sein, gehen diese Vorschriften, wie auch § 2 Abs. 2 SDSG klarstellt, den Vorschriften des Saarländischen Datenschutzgesetzes vor.

2.1.1. Datenverarbeitung im Sinne von § 1 Abs. 1 SDSG

Gemäß § 1 Abs. 1 SDSG ist unter dem Begriff der Datenverarbeitung die Speicherung, Übermittlung, Veränderung und Löschung personenbezogener Daten (vgl. insoweit unten unter 2.1.2.) zu verstehen.

Bei der Einsichtnahme in die Karten und Datensätze kommt allenfalls eine Übermittlung in Betracht.

Gemäß § 3 Abs. 2 Nr. 2 SDSG ist eine Übermittlung das Bekanntgeben gespeicherter oder durch Datenverarbeitung unmittelbar gewonnener Daten an Dritte in der Weise, daß die Daten durch die speichernde Stelle weitergegeben oder zur Einsichtnahme, namentlich zum Abruf, bereitgehalten werden. In diesem Zusammenhang ist zu beachten, daß nicht jede Form der Bekanntgabe eine Übermittlung ist, sondern nur die Bekanntgabe von in Dateien gespeicherten Daten. Das folgt aus § 1 Abs. 2 S. 1 SDSG. Nach § 3 Abs. 3 Nr. 3 SDSG ist unter einer Datei eine gleichartig aufgebaute Sammlung von Daten zu verstehen, die nach bestimmten Merkmalen erfaßt und geordnet, nach anderen bestimmten Merkmalen umgeordnet und ausgewertet werden kann, ungeachtet des dabei angewendeten Verfahrens.

Gleichartig aufgebaut ist eine Sammlung von Daten, die sich entweder auf einem einzigen Datenträger oder auf mehreren physisch gleichartigen Datenträgern befinden.[10]

---

10 SDSG-Df-Hinweis, Anm. 2.3.

Die gespeicherten Daten müssen auf dem Datenträger in einer bestimmten Ordnung enthalten sein, d.h. in einer für die Datenverarbeitung geeigneten Weise formalisiert (z.B. Kennummer nach festgelegtem Schema) auf dem Datenträger untergebracht sein (z.B. festgelegte Platzeinteilung oder festgelegtes Zugriffsverfahren). Insgesamt müssen, wie sich aus dem Wortlaut des Gesetzes ergibt, mindestens vier Merkmale gegeben sein, nämlich zwei zum Ordnen und zwei weitere zum Auswerten der Datei. Diese vier notwendigen sortierfähigen Merkmale müssen sich immer auf dieselbe Kategorie von Merkmalsträgern beziehen.

Bei den Kartenausschnitten handelt es sich jeweils um maßstabsgetreue Abbildungen der örtlichen Gegebenheiten. Dabei sind die erfaßten Verdachtsflächen jeweils mittels durchgezogener Linien umrandet, innerhalb dieser Linien/ Flächen farbig markiert und zudem mit einer, gleichfalls farbig markierten, Kennziffer - die mit der Kennziffer des zugehörigen Datensatzes übereinstimmt - versehen. Abgesehen von der Kennziffer enthält ein Kartenausschnitt also jeweils nur solche Angaben, die die tatsächlichen Gegebenheiten widerspiegeln. Eine Ordnung bzw. Umordnung des einzelnen Ausschnitts oder der Ausschnitte insgesamt nach jeweils zwei Merkmalen ist demzufolge nicht möglich. In bezug auf die Kartenausschnitte sind die Voraussetzungen des Dateibegriffs also nicht erfüllt.

Hingegen ist in bezug auf die Datensätze zu berücksichtigen, daß diese das Ergebnis einer vom Stadtverband durchgeführten Digitalisierung und EDV-gerechten Aufbereitung sind. Die vorhandene EDV-Struktur ermöglicht eine beliebige Verknüpfung der verschiedensten Daten, die frei nach den Wünschen des Bearbeiters gestaltet werden kann. Insoweit handelt es sich also um eine Datei. Die Einsichtnahme in die Datensätze ist demzufolge eine Übermittlung im Sinne des § 3 Abs. 2 Nr. 2 SDSG, sofern die in den Datensätzen gespeicherten Angaben "personenbezogene Angaben" sind.

2.1.2. Personenbezogene Daten im Sinne von § 3 Abs. 1 SDSG

Nach § 3 Abs. 1 SDSG sind "Einzelangaben über persönliche oder sachliche Verhältnisse (siehe unten 2.1.2.1.) einer bestimmten oder bestimmbaren natürlichen Person (siehe unten 2.1.2.2.) (Betroffener)" personenbezogene Daten im Sinne des Gesetzes.

Die Beantwortung der Frage, ob es sich bei den zur Einsichtnahme vorgesehenen Datensätzen um personenbezogene Daten im Sinne des § 3 Abs. 1

SDSG handelt, setzt eine eingehendere Auseinandersetzung mit den einzelnen Merkmalen der Bestimmung voraus. Da es, abgesehen von dem Durchführungshinweis des Saarländischen Innenministers, - soweit ersichtlich - an speziellen Ausführungen zum SDSG fehlt, ist im folgenden auf die Äußerungen zur wortgleichen Legaldefinition der "personenbezogenen Daten" in § 2 Abs. 1 BDSG abzustellen. Dies ist möglich, weil der Regelungsgehalt insoweit identisch ist.[11]

2.1.2.1 Einzelangaben über persönliche und sachliche Verhältnisse

Demnach sind Einzelangaben über persönliche und sachliche Verhältnisse Daten, die den Betroffenen bestimmen oder bestimmbar machen bzw. einen in der Person des Betroffenen liegenden oder auf den Betroffenen bezogenen Sachverhalt beschreiben.[12] Die persönlichen und sachlichen Verhältnisse sind dabei nur schwer gegeneinander abgrenzbar.[13] Auf eine exakte Trennung kann hier letztlich verzichtet werden, da das Gesetz keine unterschiedlichen Rechtsfolgen an die beiden Begriffe knüpft.[14]

Im einzelnen ist von folgendem auszugehen:

Ohne Zweifel als personenbezogen, weil "persönliche Verhältnisse" betreffend, werden Angaben über den Betroffenen selbst, seine Identifizierung und Charakterisierung angesehen.[15] Zu den personenbezogenen Daten zählen damit - soweit es sich um bestimmte oder bestimmbare natürliche Personen handelt, - der ortsübliche Name und die Kennziffer.

Schwieriger ist die Abgrenzung dort, wo es um Angaben geht, die zunächst einmal nur eine Sache betreffen, mittelbar aber auch für die Person von Bedeutung sind, die in einer Beziehung zu der Sache steht. Dies betrifft vorliegend also die "Beziehung" zwischen dem einzelnen Grundstück und dem jeweiligen Grundeigentümer/Nutzungsberechtigten.

---

11 Vgl. BERGMANN/MÖHRLE/HERB, Band 2, Anm. zu § 3 SDSG; AUERNHAMMER, § 7, Rn. 22; siehe dazu auch unten, Punkt 2.2.3.
12 So ausdrücklich: SDSG-Df-Hinweis, Anm. 2.2.; s.a.: ORDEMANN/SCHOMERUS, § 3, Anm. 1.1. ff.; DAMMANN, in: S/D/M/R, § 2, Rn. 4 ff.; BERGMANN/MÖHRLE/HERB, Band 1, § 2 BDSG Rn. 2.
13 ORDEMANN/SCHOMERUS, § 2 Anm. 1.2.; DAMMANN, in: S/D/M/R, § 2, Rn. 6.
14 ORDEMANN/SCHOMERUS, § 2 Anm. 1.2.; DAMMANN, in: S/D/M/R, § 2, Rn. 6.
15 Siehe nur ORDEMANN/SCHOMERUS, § 2, Anm. 1.2.; DAMMANN, in: S/D/M/R, § 2, Rn. 10.

Insoweit können in der Regel nur solche Angaben über die Sache (hier: Grundstück) als personenbezogenes Datum des Eigentümers bzw. Nutzungsberechtigten angesehen werden, die die Sache identifizieren und sie in dem nach dem jeweiligen Lebenszusammenhang zur Beschreibung der Sachbeziehung notwendigen Umfang charakterisieren.[16] Danach gehören etwa zur Charakterisierung der Sachbeziehung "Grundeigentum" Angaben über Lage, Größe, Bebauung und Nutzung des jeweiligen Grundstücks.[17] Entsprechendes gilt für die Nutzungsberechtigten.

Die vorgenannten Angaben in Verbindung mit den oben angeführten Angaben über die "persönlichen Verhältnisse" stellen den für den Einsichtnehmenden wesentlichen und unverzichtbaren Teil der in den Kartenausschnitten und Datensätzen enthaltenen Angaben dar. Auf die übrigen, von den bisherigen Ausführungen noch nicht mit umfaßten Angaben (etwa zur Versickerung und zum Grundwassergefälle) braucht daher an dieser Stelle nicht mehr eingegangen zu werden. Selbst wenn eine eingehendere Prüfung ergeben sollte, daß es sich insoweit nicht um "personenbezogene Daten" handelt, käme dem keine eigenständige praktische Relevanz zu. Gelangt man nämlich in bezug auf die bereits dargestellten wesentlichen und unverzichtbaren Daten zu dem Ergebnis, daß deren Einsichtnahme zulässig ist, so gilt dies auch für die übrigen Daten. Sollte hingegen eine Einsichtnahme in bezug auf die wesentlichen und unverzichtbaren Daten datenschutzrechtlich unzulässig sein, so hätte eine Einsichtnahme in die übrigen Daten - selbst wenn man unterstellt, daß sie nicht dem SDSG unterfallen und eine Einsichtnahme zulässig ist - keinen Sinn, da ohne die wesentlichen und unverzichtbaren Angaben, wie z.B. die Grundstückslage, die übrigen Daten nicht verwertbar sind und so der Zweck der Einsichtnahme nicht erreicht werden kann.

Festzuhalten bleibt somit, daß die in den Kartenausschnitten und den dazugehörigen Datensätzen gespeicherten Angaben "Einzelangaben über die persönlichen und sachlichen Verhältnisse" darstellen, ohne daß es insoweit hinsichtlich der diversen Einzelangaben einer abschließenden Qualifizierung bedarf.

---

16 So insbesondere DAMMANN, in: S/D/M/R, § 2, Rn. 71; s. a. ORDEMANN/ SCHOMERUS, § 2, Anm. 1.2.
17 So auch DAMMANN, in: S/D/M/R, § 11, Rn. 72; BERGMANN/MÖHRLE/HERB, Band 1, § 2 BDSG Rn. 3.

2.1.2.2 "Bestimmte oder bestimmbare natürliche Person" als Betroffener

Schließlich setzt § 3 Abs. 1 SDSG, wie bereits erwähnt, voraus, daß die Person, über deren Verhältnisse die Angaben etwas aussagen, eine "bestimmte oder bestimmbare natürliche Person" ist.

Ersteres ist der Fall, wenn die Daten mit dem Namen der betroffenen natürlichen Person verbunden sind oder sich aus dem Inhalt bzw. dem Zusammenhang der Bezug unmittelbar herstellen läßt.[18] Bestimmbar ist eine Person, wenn sie aus dem Zusammenhang, in dem die sie betreffenden Angaben stehen, aber auch mit Hilfe anderer Informationen festgestellt werden kann. Abzustellen ist dabei auf die Sicht des Empfängers.

Wie oben bereits dargelegt, müssen die Daten einer "natürlichen Person" zugeordnet werden können. Daten über juristische Personen sind daher vom Anwendungsbereich der Datenschutzgesetze ausgenommen. Bei Personenvereinigungen (z.b. OHG, KG) kommt es auf den Einzelfall an.[19] Jedenfalls sind die einzelnen Mitglieder der Personengemeinschaften geschützt. Das bedeutet, daß es sich immer dann, wenn die zu einer Personenmehrheit gespeicherten Daten zugleich etwas über die Verhältnisse der einzelnen Mitglieder aussagen, um personenbezogene Daten, nämlich solche der Mitglieder, handelt.[20]

2.1.2.3. Zwischenergebnis

Für die folgende Prüfung bleibt festzuhalten:
Die in den Kartenausschnitten und den dazugehörigen Datensätzen gespeicherten Angaben stellen Einzelangaben über persönliche und sachliche Verhältnisse dar. Sofern diese bestimmte oder bestimmbare natürliche Personen betreffen, wird die Einsichtnahme in die Datensätze vom Anwendungsbereich des Landesdatenschutzgesetzes (SDSG) erfaßt. Entsprechendes gilt auch für die Personengemeinschaften betreffenden Datensätze, sofern diese

---

18 SDSG-Df-Hinw. Anm. 2.2.; s.a. ORDEMANN/SCHOMERUS, § 2, Anm. 1.4.; DAMMANN, in: S/D/M/R, § 2, Rn. 19; BERGMANN/MÖHRLE/HERB, Band 1, § 2 BDSG Rn. 2 f.
19 ORDEMANN/SCHOMERUS, § 2, Anm. 1.5.; DAMMANN, in: S/D/M/R, § 2, Rn. 16 ff.; BERGMANN/MÖHRLE/HERB, Band 1, § 2 BDSG Rn. 1; speziell zum SDSG ebenso: SDSG-Df-Hinw. Anm. 2.2.
20 ORDEMANN/SCHOMERUS, § 2, Anm. 1.5.; DAMMANN, in: S/D/M/R, § 2, Rn. 18; BERGMANN/MÖHRLE/HERB, Band 1, § 2 BDSG Rn. 1.

Anwendbarkeit des Saarländischen Datenschutzgesetzes (SDSG) 21

zugleich auch etwas über die Verhältnisse der einzelnen Mitglieder aussagen. Im übrigen unterfallen weder die Datensätze noch die Kartenausschnitte dem SDSG.

2.1.3. "Schutzwürdige Belange" im Sinne von § 1 Abs. 1 SDSG

Wie sich aus § 1 Abs. 1 SDSG ergibt, können nur "schutzwürdige Belange" des Betroffenen eine Legitimation für Datenschutzmaßnahmen bilden.[21]

Eine Grundlage für die inhaltliche Festlegung des Begriffes "schutzwürdige Belange" können, da eine gesetzliche Festlegung fehlt, die von der Rechtsprechung im Laufe der Zeit entwickelten Ausprägungen des verfassungsrechtlich geschützten Persönlichkeitsrechts bilden. Kern dieses allgemeinen Persönlichkeitsrechts ist neben der Intim- und Privatsphäre, der persönlichen Ehre und anderen Rechten auch die sog. Geheimsphäre.[22] Ebenso gehören alle anderen verfassungsrechtlich geschützten Positionen des Betroffenen zu den "schutzwürdigen Belangen".[23] Somit zählt jedenfalls das Interesse des Grundeigentümers/-nutzers eines Grundstücks, daß Daten, die sein Grundstück betreffen, nicht jedermann beliebig zugänglich gemacht werden können, zu dessen "schutzwürdigen Belangen".

Insofern wird mit der Einsichtnahme in die Datensätze ein Tatbestand geschaffen, der jeweils "schutzwürdige Belange" des Betroffenen berührt. Diese Feststellung reicht zur Bejahung der Anwendbarkeit des SDSG aus. Einer Prüfung, ob weitere schutzwürdige Belange berührt sind, bedarf es daher an dieser Stelle nicht (vgl. insoweit unten, Punkt 2.2.3.2.).

2.1.4. Subsidiarität des Saarländischen Datenschutzgesetzes, § 2 Abs. 2 SDSG

Nach § 2 Abs. 2 SDSG gehen besondere Rechtsvorschriften über den Datenschutz den Vorschriften dieses Gesetzes vor.

Die Vorschrift legt fest, daß das Saarländische Datenschutzgesetz gegenüber den besonderen Datenschutzbestimmungen des Landes subsidiär und damit

---
21 Vgl. in diesem Zusammenhang ORDEMANN/SCHOMERUS, § 1, Anm. 1.
22 ORDEMANN/SCHOMERUS, § 1, Anm. 2; REH, in: S/D/M/R, § 1, Rn. 6, jeweils m.w.N.; BERGMANN/MÖHRLE/HERB, Band 1, § 1 BDSG Rn. 3.
23 REH, in: S/D/M/R, § 1, Rn. 6 m.w.N.

ein Auffangtatbestand ist.[24] Als eine solche besondere Rechtsvorschrift im Sinne des § 2 Abs. 2 SDSG kommen allenfalls die §§ 11 ff. des Saarländischen Katastergesetzes in Betracht.[25] Nach § 11 Satz 1 Katastergesetz sind die Behörden des Landes, der Gemeinden und Gemeindeverbände sowie der sonstigen der Aufsicht des Landes unterstehenden juristischen Personen des öffentlichen Rechts verpflichtet, Tatbestände, die für die Fortführung des Liegenschaftskatasters von Bedeutung sind, den Katasterbehörden mitzuteilen. Das Liegenschaftskataster besteht aus dem Katasterkartenwerk und den Katasterbüchern (§ 2 Abs. 1 Katastergesetz). Dabei enthält das Katasterkartenwerk Angaben über Grenzen, Lage, Gebäudebestand, Nutzungsart und Ertragsfähigkeit sowie die Nummern der Flurstücke (§ 2 Abs. 2 Katastergesetz); in den Katasterbüchern sind die Liegenschaften nach ihrer Nummer in der Flurkarte zu bezeichnen, nach ihren wichtigsten Eigenschaften zu beschreiben und übersichtlich zusammenzustellen (§ 2 Abs. 3 Katastergesetz). Einsicht in das Liegenschaftskataster und seine Unterlagen wird nach § 12 Abs. 1 Satz 1 Katastergesetz gewährt, wenn die Voraussetzungen nach dem Saarländischen Datenschutzgesetz für die Datenübermittlung an andere öffentliche oder private Stellen oder die Voraussetzungen für die Auskunft an den Betroffenen erfüllt sind. Nach Satz 2 der Vorschrift gelten für die Auskunft aus dem Liegenschaftskataster die gleichen Vorschriften. Satz 3 verlangt auch bei nicht personenbezogenen Daten die Darlegung eines berechtigten Interesses. Nach Satz 4 schließlich sind Datenübermittlung und Einsicht nicht zulässig, soweit überwiegende Interessen des Gemeinwohls entgegenstehen.

Das Katastergesetz enthält etliche Regelungen, die Tatbestände betreffen, die auch im hier interessierenden Zusammenhang eine Rolle spielen. Insofern könnte man durchaus daran denken, dieses Gesetz heranzuziehen, wenn es darum geht, nach einer Ermächtigungsgrundlage für die Führung des Altlastenkataster zu suchen. Indes lassen sich daraus keine Handlungsbefugnisse für den Stadtverband Saarbrücken ableiten. Im übrigen wird hinsichtlich des einzuhaltenden Standards gerade auf das Datenschutzgesetz verwiesen (§ 12 Abs. 1 Satz 1 Katastergesetz), so daß insofern doch die einschlägigen datenschutzrechtlichen Bestimmungen zugrundezulegen sind.

Die §§ 11 ff. Katastergesetz sind also keine besonderen Rechtsvorschriften im Sinne des § 2 Abs. 2 SDSG.

---

24 BERGMANN/MÖHRLE/HERB, Band 2, Anm. 4 zu § 2 SDSG.
25 Gesetz über das Liegenschaftskataster (Katastergesetz) Gesetz Nr. 772. Vom 11. Juli 1962 in der Fassung der Bekanntmachung vom 12. Dezember 1983 (Amtsbl. S. 825).

2.2. Zulässigkeit der Einsichtnahme nach dem Saarländischen Datenschutzgesetz

Für die Übermittlung von Daten ist zu unterscheiden zwischen dem öffentlichen und dem nichtöffentlichen Bereich.

Während die Übermittlung personenbezogener Daten an andere öffentliche Stellen zulässig ist, wenn sie zur rechtmäßigen Erfüllung der in der Zuständigkeit der übermittelnden Stelle oder des Empfängers liegenden Aufgaben erforderlich ist (§ 14 Abs. 1 SDSG - darauf braucht hier nicht näher eingegangen zu werden -), gelten für die Übermittlung von Daten an Stellen außerhalb des öffentlichen Bereichs gemäß § 16 Abs. 1 SDSG strengere Anforderungen. Danach ist die Übermittlung an nichtöffentliche Stellen nur zulässig, "wenn sie zur rechtmäßigen Erfüllung der in der Zuständigkeit der übermittelnden Stelle liegenden Aufgaben erforderlich ist (siehe unten 2.2.2.) oder soweit der Empfänger ein berechtigtes Interesse an der Kenntnis der zu übermittelnden Daten glaubhaft macht und dadurch schutzwürdige Belange des Betroffenen nicht beeinträchtigt werden" (siehe unten 2.2.3.).

Allerdings kommt § 16 Abs. 1 SDSG nur dann als Grundlage einer Übermittlung in Betracht, wenn diese Norm verfassungskonform ist, d.h. den sich aus dem Grundgesetz ergebenden Anforderungen entspricht. In diesem Zusammenhang ist zu beachten, daß der Bundes- und die Landesgesetzgeber verpflichtet sind, die Verarbeitung personenbezogener Daten in einer den Anforderungen der Rechtsprechung des Bundesverfassungsgerichts zum Recht auf informationelle Selbstbestimmung entsprechenden Weise zu regeln.[26] Zum Teil wird den Gesetzgebern dabei von Rechtsprechung und Schrifttum eine Übergangszeit zur Anpassung ihrer Datenschutzgesetze zugebilligt.[27] In bezug auf die einzelnen Landesgesetzgeber finden sich in dem Zusammenhang - soweit ersichtlich - keine konkreten Zeitangaben hinsichtlich der Länge dieser Frist. Es wird insoweit aber ausgeführt, daß jedenfalls mit dem Ende der

---

26 Siehe nur OLG Hamm, NJW 1988, 1402 (1402); OLG Frankfurt, NJW 1989, 47 (47 ff.); BERGMANN/MÖHRLE/HERB, Band 1, Systematik Ziff. 1.2.3.; SCHOENEMANN, DVBl. 1988, 520 ff.; SIMITIS, NJW 1989, 21 (22); PARDEY, NJW 1989, 1647 (1647 ff.); so auch Begründung der Bundesregierung zum BDSG-Entwurf, BT-Drs. 11/4306, S. 35; siehe auch GOLA, NJW 1989, 2595 (2596 ff.), m.w.N.; einschränkend EHMANN, RDV 1988, 169 (174 f.); ferner VOGELGESANG, S. 83 ff., dessen Ausführungen sich aber nur auf das Volkszählungsurteil beziehen.
27 Vgl. OLG Hamm, NJW 1988, 1402 (1402); OLG Frankfurt, NJW 1989, 47 (50); SIMITIS, NJW 1989, 21 (21). Zum Teil wird ein Übergangsbonus aber auch nicht zugestanden. Vgl. zum Stand der Diskussion GOLA, NJW 1989, 2595 (2597).

laufenden Legislaturperiode des Deutschen Bundestages im Jahre 1990 von dem Ende des Übergangsbonus auszugehen sei.[28]

Indes muß der Frage des Bestehens eines Übergangsbonus' des Saarländischen Gesetzgebers an dieser Stelle nicht weiter nachgegangen werden. Die Übermittlung der im Altlastenkataster gespeicherten Daten ist nämlich über das Jahr 1990 hinaus vorgesehen. Nach dem gegenwärtigen Planungsstand soll das Altlastenkataster selbst ständig fortgeschrieben und aktualisiert werden. Das bedeutet, daß nicht mehr dem gegenwärtigen Erkenntnisstand entsprechende Daten gelöscht und neue Daten gespeichert werden.[29] Die Einsicht in das Kataster soll so lange gewährt werden, wie ein Kontaminationsverdacht nicht ausgeräumt bzw. eine festgestellte Altlast nicht dauerhaft saniert worden ist. Eine Beschränkung der Prüfung auf die Rechtslage bis zum Ende eines spätestens mit dem Abschluß der laufenden Legislaturperiode des Deutschen Bundestages im Jahre 1990 ablaufenden Übergangsbonus' wäre deshalb wenig sinnvoll. Im übrigen wird die Frage eines Übergangsbonus' aber auch nur dann relevant, wenn sich erweisen sollte, daß § 16 Abs. 1 SDSG nicht den sich aus dem Recht auf informationelle Selbstbestimmung ergebenden Anforderungen entspricht.

Im folgenden (unten 2.2.1.) ist daher zunächst zu prüfen, ob § 16 Abs. 1 SDSG verfassungsgemäß, d.h. mit dem Recht auf informationelle Selbstbestimmung vereinbar ist.

2.2.1. Vereinbarkeit von § 16 SDSG mit dem Recht auf informationelle Selbstbestimmung

Die Prüfung der Verfassungskonformität setzt zunächst eine Klärung des Inhalts und der Schranken des Rechts auf informationelle Selbstbestimmung sowie der sich hieraus ergebenden Konsequenzen voraus. Der Inhalt und die Schranken dieses Rechts sind maßgeblich durch die Rechtsprechung des Bundesverfassungsgerichts entwickelt und geprägt worden. Grundlegend war hierbei das sogenannte Volkszählungsurteil vom 15.12.1983.[30] In der Entscheidung ging es um die Verfassungskonformität der Vorschriften des Gesetzes über eine Volks-, Berufs-, Wohnungs- und Arbeitsstättenzählung

---

28 Vgl. OLG Frankfurt, NJW 1989, 47 (50); SIMITIS, NJW 1989, 21 (21).
29 Damit ist eine andere Verfahrensweise gewählt worden als in Nordrhein-Westfalen. Nach § 31 Abs. 4 LAbfGNW ist vorgesehen, daß die Datenspeicherung zeitlich unbegrenzt erfolgt.
30 BVerfGE 65, 1 ff. = NJW 1984, 419 ff.

(Volkszählungsgesetz 1983) vom 25.3.1982. Das Gericht hat sich dabei insbesondere auch mit der Zulässigkeit der Erhebung, Speicherung, Verwendung und Weitergabe personenbezogener Daten befaßt.[31] Im folgenden sollen hier zunächst nur die Grundzüge dieser Entscheidung, soweit sie für das Verständnis des Rechts auf informationelle Selbstbestimmung von Bedeutung sind, dargestellt werden. Auf die Einzelheiten wird nur insoweit eingegangen, als sie für die Prüfung der Verfassungskonformität des § 16 SDSG von Bedeutung sind. Im übrigen werden die Einzelheiten des Urteils im weiteren Verlauf der Untersuchung jeweils an der Stelle dargelegt und berücksichtigt, an der sie relevant werden.

Das Bundesverfassungsgericht beginnt seine Darlegungen mit der Feststellung, daß aus Art. 2 Abs. 1 GG ein Recht auf informationelle Selbstbestimmung folgt, welches jedem die Befugnis gewährleistet, "grundsätzlich selbst über die Preisgabe und Verwendung seiner persönlichen Daten zu bestimmen". Diese Befugnis schütze die Möglichkeit individueller Selbstbestimmung und solle verhindern, daß der Betroffene durch ihm unbekannte Datenströme gehemmt werde, "aus eigener Selbstbestimmung zu planen und zu entscheiden."[32] Das Recht auf informationelle Selbstbestimmung ist nach der Auffassung des Gerichts aber nicht schrankenlos gewährleistet. Der Einzelne müsse Einschränkungen bei überwiegendem Allgemeininteresse hinnehmen. Diese Beschränkungen bedürften einer (verfassungsgemäßen) gesetzlichen Grundlage, aus der die Voraussetzungen und der Umfang der Beschränkungen klar und für den Bürger erkennbar hervorgingen und die damit dem rechtsstaatlichen Gebot der Normenklarheit gerecht würden. Bei seinen Regelungen habe der Gesetzgeber ferner den Grundsatz der Verhältnismäßigkeit zu beachten und organisatorische und verfahrensmäßige Vorkehrungen zu schaffen, die der Gefahr einer Verletzung des Persönlichkeitsrechts entgegenwirkten.[33] Die Frage, wie weit das Recht auf informationelle Selbstbestimmung und im Zusammenhang damit der Grundsatz der Verhältnismäßigkeit sowie die Pflicht zu verfahrensrechtlichen Vorkehrungen den Gesetzgeber zu Regelungen von Verfassungs wegen zwinge, sei von Art, Umfang und denkbaren Verwendungen der erhobenen Daten sowie der Gefahr ihres Mißbrauchs abhängig.[34]

---

31 BVerfGE 65, 1 (41 ff.) = NJW 1984, 419 (421 ff.).
32 BVerfGE 65, 1 (41 ff.) = NJW 1984, 419 (421 f.).
33 BVerfGE 65, 1 (43 f.) = NJW 1984, 419 (422).
34 BVerfGE 65, 1 (45 f.) m.w.N. = NJW 1984, 419 (422).

Schließlich führt das Bundesverfassungsgericht aus, aus dem Recht auf informationelle Selbstbestimmung ergebe sich, daß die Daten nur zu einem gesetzlich bestimmten Zweck verwendet werden dürften. Angesichts der Gefahren der automatischen Datenverarbeitung sei "ein - amtshilfefester - Schutz gegen Zweckentfremdung durch Weitergabe- und Verwertungsverbote erforderlich".[35]

Nach Auffassung des Bundesverfassungsgerichts hielten die Bestimmungen des Volkszählungsgesetzes 1983 den dargelegten Anforderungen teilweise nicht stand.[36]

In neueren Entscheidungen hat das Bundesverfassungsgericht die im Volkszählungsurteil aufgestellten Grundsätze bekräftigt, konkretisiert und weiterentwickelt.

So hat das Gericht in seinem Beschluß vom 9.3.1988, in dem es um die Verfassungsmäßigkeit der in § 687 ZPO geregelten öffentlichen Bekanntmachung der Entmündigung wegen Verschwendung oder wegen Trunksucht ging, ausdrücklich darauf hingewiesen, daß das Recht auf informationelle Selbstbstimmung "wegen seiner persönlichkeitsrechtlichen Grundlage generell vor staatlicher Erhebung und Verarbeitung personenbezogener Daten schützt und nicht auf den jeweiligen Anwendungsbereich der Datenschutzgesetze des Bundes und der Länder oder datenschutzrelevanter gesetzlicher Sonderregelungen beschränkt ist".[37] Der Verhältnismäßigkeitsgrundsatz gebiete, "daß eine Grundrechtsbeschränkung von hinreichenden Gründen des Gemeinwohls gerechtfertigt wird, das gewählte Mittel zur Erreichung des Zwecks geeignet und erforderlich ist und bei einer Gesamtabwägung zwischen der Schwere des Eingriffs und dem Gewicht der ihn rechtfertigenden Gründe die Grenze des Zumutbaren noch gewahrt ist".[38] Im Rahmen der hiernach vorgenommenen Gesamtabwägung kommt das Gericht zu dem Ergebnis, daß § 687 ZPO die Grenze des Zumutbaren überschreite und daher unvereinbar mit Art. 2 Abs. 1 i.V.m. Art. 1 Abs. 1 GG sei.

In dem Beschluß vom 25.7.1988, in dem es um die Verfassungskonformität der in § 107 Abs. 2 KO geregelten Pflicht zur Eintragung in das Schuldnerverzeichnis ging, in das jedermann ohne Darlegung eines Interesses einsehen

---

35 BVerfGE 65, 1 (46) = NJW 1984, 419 (422).
36 BVerfGE 65, 1 (52 ff.) = NJW 1984, 419 (424 ff.).
37 BVerfGE 78, 77 (84) = NJW 1988, 2031 (2031).
38 BVerfGE 78, 77 (85) = NJW 1988, 2031 (2031).

kann,³⁹ hat das Bundesverfassungsgericht ebenfalls auf die im Volkszählungsurteil dargelegten Grundzüge zum Inhalt und zu den Schranken des Rechts auf informationelle Selbstbestimmung verwiesen.⁴⁰ Darüberhinaus hat das Gericht betont, daß dieses Recht auch die Verfügungsbefugnis über solche personenbezogenen Informationen erfasse, die das wirtschaftliche Handeln zum Gegenstand haben. Der regelmäßig gesteigerte Sozialbezug solcher Daten werde zwar bei der Prüfung der Einschränkbarkeit des Rechts auf informationelle Selbstbestimmung zu berücksichtigen sein. Er könne indes nicht dazu führen, daß diese Daten als dem Schutzbereich des Grundrechts von vornherein entzogen anzusehen seien.⁴¹

Von den dargelegten dogmatischen Grundsätzen ausgehend bejaht das Gericht schließlich die Verfassungskonformität des § 107 Abs. 2 KO. Zur Begründung führt es dabei insbesondere an, daß die Eintragung im Schuldnerverzeichnis gemäß § 107 Abs. 2 KO nicht nur den Informationsinteressen möglicher Geschäftspartner bzw. künftiger Gläubiger des betreffenden Schuldners diene. Ihr komme darüberhinaus vielmehr auch eine besondere Schutz- und Warnfunktion zu, die dem Schutz letztlich aller Marktteilnehmer und damit einem überwiegenden Allgemeininteresse diene.⁴²

Schließlich hat das Bundesverfassungsgericht auch in seinen Entscheidungen zum FLICK-Untersuchungsausschuß des Deutschen Bundestages,⁴³ zum "NEUE HEIMAT"-Untersuchungsausschuß des Deutschen Bundestages⁴⁴ und zur Zulässigkeit der Sicherheitsprüfung bei Beamten⁴⁵ auf die im Volkszählungsurteil dargelegte Grundzüge des Rechts auf informationelle Selbstbestimmung verwiesen.

Der Rechtsprechung des Bundesverfassungsgerichts zum Recht auf informationelle Selbstbestimmung sind weite Teile von Rechtsprechung und Lehre gefolgt.⁴⁶

---

39 Vgl. nur LÜKE, NJW 1983, 1409 (1409).
40 BVerfGE, NJW 1988, 3009 (3009).
41 BVerfG, NJW 1988, 3009 (3009).
42 BVerfG, NJW 1988, 3009 (3009 f).
43 Urteil vom 17.7.1984, BVerfGE 67, 100 (142 f.) = NJW 1984, 2271 (2275 f.).
44 Beschluß vom 1.10.1987, BVerfGE 77, 1 (46 f., 53) = NJW 1988, 890 (892, 894).
45 Beschluß vom 10.2.1988, DVBl. 1988, 530 (530).
46 Vgl. nur OLG Hamm, NJW 1988, 1402 (1402); OLG Frankfurt, NJW 1989, 47 (48 ff.); BERGMANN/MÖHRLE/HERB, Band 1, Systematik Ziff. 1.2.2. f; SCHOENEMANN, DVBl. 1988, 520 ff.; TINNEFELD/TUBIES, S. 9 ff.; RICHLER, S. 12 ff.; SIMITIS, NJW 1989, 21 (21); PARDEY, NJW 1989, 1647 ff.; ROSSNAGEL, NJW 1989, 2303 ff.; EHLERS, DVBl. 1990, 1 (2).

Da die Entscheidungen des Bundesverfassungsgerichts gemäß § 31 Abs. 1 BVerfGG die Verfassungsorgane des Bundes und der Länder sowie alle Gerichte und Behörden binden, sind die in den Entscheidungen des Gerichts ausgeformten Grundzüge des Rechts auf informationelle Selbstbestimmung für die Prüfung der Verfassungsmäßigkeit des § 16 SDSG sowie für die weiteren Überlegungen als Maßstab zugrunde zu legen.

Die Verfassungskonformität des § 16 SDSG setzt daher insbesondere voraus, daß diese Vorschrift im überwiegenden Allgemeininteresse liegt und dem Verhältnismäßigkeitsgrundsatz sowie dem Gebot der Normenklarheit entspricht.

An dem Vorliegen der erstgenannten Voraussetzung ist nicht zu zweifeln. Die Regelung dient ersichtlich der Erfüllung eines Allgemeininteresses, das im Verhältnis zum Recht auf informationelle Selbstbestimmung überwiegt.

Im übrigen ist zwischen den verschiedenen Übermittlungsalternativen des § 16 Abs. 1 SDSG zu differenzieren.

Eine Übermittlung, die zur rechtmäßigen Erfüllung der in der Zuständigkeit der übermittelnden Stelle liegenden Aufgaben erforderlich ist (§ 16 Abs. 1 1. Alt. SDSG), unterliegt keinen Bedenken im Hinblick auf die oben dargelegten Voraussetzungen.

In bezug auf eine Übermittlung im Interesse des Empfängers (§ 16 Abs. 1 2. Alt. SDSG) ist zu berücksichtigen, daß diese insbesondere voraussetzt, daß durch die Übermittlung "schutzwürdige Belange des Betroffenen nicht beeinträchtigt werden". Die Frage, in welchem Umfang die Belange des Betroffenen schutzwürdig sind, ist nicht abstrakt, sondern grundsätzlich nur im Verhältnis zu dem jeweiligen Interesse des Empfängers zu beurteilen. Daher ist regelmäßig eine am Verhältnismäßigkeitsprinzip orientierte Abwägung der sich gegenüberstehenden Interessen durchzuführen.

Ein solches Vorgehen wird allgemein akzeptiert,[47] wenngleich nicht immer ausdrücklich auf das Verhältnismäßigkeitsprinzip Bezug genommen wird.[48]

---

47 Siehe nur AUERNHAMMER, § 11, Rn. 9; EHMANN, RDV 1988, 169 (179); BERGMANN/MÖHRLE/HERB, Band 1, § 1 BDSG Rn. 3.1. m.w.N.
48 So ORDEMANN/SCHOMERUS, § 11, Anm. 1.2.; DAMMANN, in: S/D/M/R, § 11, Rn. 14; SCHAFFLAND/WILTFANG, § 11, Rn. 23.

Ist somit auch diese Voraussetzung für eine rechtmäßige Beschränkung des Rechts auf informationelle Selbstbestimmung erfüllt, ist in Anbetracht der generalklauselartigen Gesetzesformulierung und der - wie schon dargestellt - grundsätzlich erforderlichen einzelfallbezogenen Interessenabwägung im Hinblick auf die Datenübermittlung noch fraglich, ob § 16 Abs. 1 2. Alt. SDSG dem Bestimmtheitsgebot genügt. Immerhin hat das Bundesverfassungsgericht im Volkszählungsurteil betont, daß sich aus der gesetzlichen Grundlage die Voraussetzungen und der Umfang der Beschränkungen klar und für den Bürger erkennbar ergeben müssen.[49] Andererseits können nach der verfassungsgerichtlichen Judikatur Generalklauseln, die in besonderem Maße der Ausformung bedürfen, "ausnahmsweise" hingenommen werden, wenn der Gesetzgeber wegen der Allgemeinheit und Abstraktheit der Regelungen nicht auf sie verzichten kann und sie möglichst eng begrenzt.[50] In einem allgemeinen Datenschutzgesetz sind Generalklauseln unvermeidlich, weil zwangsläufig Zwecke fehle, die vorgegeben werden könnten und die es dem Gesetzgeber ermöglichen würden, sich daran zu orientieren.[51] Die Güterabwägung im Detail ist daher unvermeidlich der Exekutive übertragen.[52] § 16 Abs. 1 2. Alt. SDSG entspricht daher den Anforderungen des Bestimmtheitsgebotes.

In bezug auf das im Volkszählungsurteil aufgestellte Zweckbindungspostulat und die Forderung nach Vorkehrungen, welche der Gefahr einer Verletzung des Persönlichkeitsrechts entgegenwirken,[53] ist zu berücksichtigen, daß - wie in § 16 Abs. 6 SDSG auch vorgesehen - der Empfänger die übermittelten Daten nur für den Zweck verwenden darf, zu dessen Erfüllung sie ihm übermittelt wurden. Gemäß § 16 Abs. 7 SDSG kann die übermittelnde Stelle die Datenübermittlung daher mit Auflagen versehen, die den Datenschutz beim Empfänger sicherstellen. § 16 Abs. 1 2. Alt. SDSG entspricht also auch insoweit den Anforderungen des Rechts auf informationelle Selbstbestimmung.

Als Ergebnis ist damit festzuhalten, daß die Regelung in § 16 Abs. 1 SDSG den Anforderungen des Rechts auf informationelle Selbstbestimmung entspricht und somit verfassungskonform ist.

---

49 BVerfGE 65, 1 (44) = NJW 1984, 419 (422).
50 BVerfGE 33, 1 (11); BVerfGE 75, 329 (341 f.) = NJW 1987, 3175 (3175); ebenso SCHOENEMANN, DVBl. 1988, 520 (521).
52 Ebenso SCHOENEMANN, DVBl. 1988, 520 (521).
53 BVerfGE 65, 1 (46) = NJW 1984, 419 (422).

2.2.2. Übermittlung zur Erfüllung eigener Aufgaben - § 16 Abs. 1 2. HS. 1. Alt. SDSG

Eine Übermittlung im Sinne der ersten Alternative des § 16 Abs. 1 2. HS. SDSG, d.h. eine Übermittlung zur Erfüllung eigener Aufgaben der übermittelnden Stelle, liegt u.a. vor, wenn dieser durch Rechtsvorschrift Veröffentlichungspflichten vorgeschrieben sind oder wenn es um personenbezogene Daten geht, die in ein öffentliches Register aufzunehmen sind (z.B. Bekanntmachungen nach § 10 HGB), oder wenn eine Verpflichtung zur Übermittlung aus der (jeweiligen) vorliegenden Aufgabe folgt. Letzteres wird z.b. angenommen, wenn die Übermittlung der Gefahrenabwehr, der Gesundheitsfürsorge oder der Strafverfolgung dient.[54] Indes gibt es keine Rechtsvorschrift, die dem Stadtverband die Übermittlung der in dem Altlastenkataster gespeicherten Daten gebietet. Ebensowenig kommen die - dargelegten - Voraussetzungen einer aus dem Aufgabenzusammenhang abgeleiteten Übermittlungspflicht zum Tragen.

2.2.3. Übermittlung im Interesse des Empfängers - § 16 Abs. 1 2. HS 2. Alt. SDSG

Somit kommt hier allenfalls eine Übermittlung nach der zweiten Alternative des § 16 Abs. 1 SDSG, d.h. eine Übermittlung im Interesse des Empfängers, in Betracht.

Eine Übermittlung im Interesse des Empfängers ist danach an zwei Voraussetzungen geknüpft: Zum einen muß der Empfänger ein "berechtigtes Interesse" an der Kenntnis der zu übermittelnden Daten haben (siehe unten 2.2.3.1). Zum anderen dürfen durch die Übermittlung der Daten keine "schutzwürdigen Belange" des Betroffenen beeinträchtigt werden. Daher ist zunächst zu prüfen, ob durch die Übermittlung überhaupt "schutzwürdige Belange" des Betroffenen berührt werden (unten 2.2.3.2). Anschließend ist eine am Verhältnismäßigkeitsprinzip orientierte Abwägung zwischen den berührten schutzwürdigen Belangen des Betroffenen und dem berechtigten Interesse des Empfängers durchzuführen (unten 2.2.3.3).

Der vorstehende Aufbau entspricht dem allgemein bei Abwägungsentscheidungen üblichen Aufbau. Er wird zum Teil auch ausdrücklich für die Prüfung

---

54 Siehe zu den dargelegten Alternativen jeweils im einzelnen: ORDEMANN/SCHOMERUS, § 11, Anm. 1.1.; DAMMANN, in: S/D/M/R, § 11, Rn. 8 ff.

der Zulässigkeit einer Datenverarbeitung propagiert,[55] gelegentlich aber auch nicht beachtet.[56]

Weiterhin setzt eine Übermittlung die Feststellung der gesetzlichen Voraussetzungen voraus (siehe im einzelnen unten 2.2.3.4). Ferner ist zu berücksichtigen, daß der Empfänger gemäß § 16 Abs. 6 SDSG die ihm übermittelten Daten nur für den Zweck verwenden darf, zu dessen Erfüllung er sie erhielt. Dies ist - gegebenenfalls - durch Auflagen sicherzustellen (§ 16 Abs. 7 SDSG) (unten 2.2.3.5). Sodann ist zu prüfen, ob und gegebenenfalls welche Konsequenzen sich insbesondere aus der Rechtsprechung des Bundesverfassungsgerichts zum Recht auf informationelle Selbstbestimmung für die Ausgestaltung des Verfahrens der Einsichtnahme ergeben (unten 2.2.3.6). Abschließend ist auf die Rechte des Betroffenen (unten 2.2.3.7) sowie auf die rechtlichen Konsequenzen der Gewährung der Einsichtnahme für den Stadtverband einzugehen (unten 2.2.3.8), bevor dann die zuvor gewonnenen Ergebnisse noch einmal kurz zusammengefaßt werden (unten 2.2.3.9).

Wie sich bereits aus den bisherigen Ausführungen ersehen läßt, bedarf es zur Konkretisierung der einzelnen Tatbestandsmerkmale des § 16 Abs. 1 2. Alt. SDSG einer genaueren Auslegung. Die Heranziehung weiterer Materialien kann dabei nützlich sein. Da es insoweit indes - soweit ersichtlich - an einschlägigen - Äußerungen zum SDSG fehlt, wird im Hinblick auf den sachlichen Gehalt der einzelnen Tatbestandsmerkmale auf Stellungnahmen zu § 11 Satz 1 2. Alt. BDSG zurückgegriffen werden. Das erscheint gerechtfertigt, weil der Wortlaut dieser Vorschrift mit dem des § 16 Abs. 1 2. HS SDSG übereinstimmt und mangels gegenteiliger Anhaltspunkte davon auszugehen ist, daß der Saarländische Gesetzgeber, rund 14 Monate nach dem Erlaß des BDSG, bei gleicher sprachlicher Ausformung nicht zu einem abweichenden sachlichen Gehalt gelangen wollte.[57]

2.2.3.1 Berechtigtes Interesse des Datenempfängers

Aus dem eingangs Gesagten folgt, daß das Merkmal des berechtigten Interesses die Untergrenze einer Übermittlung darstellt. Wird diese nicht erreicht, scheidet die Gewährung einer Einsichtnahme aus, ohne daß es einer Prüfung

---

55 EHMANN, RDV 1988, 169 (180).
56 ORDEMANN/SCHOMERUS, § 11, Anm. 1.2.
57 Ebenso (ohne nähere Begründung) BERGMANN/MÖHRLE/HERB, Band 2, Anm. 1 zu § 16 SDSG.

der weiteren Tatbestandsvoraussetzungen bedürfte. Allerdings sind die Anforderungen an die Bejahung eines berechtigten Interesses gering.

Ein solches Interesse ist nämlich bereits dann anzunehmen, wenn ein nach vernünftiger Erwägung durch die Sachlage gerechtfertigtes tatsächliches Interesse vorliegt.[58] Mit anderen Worten: Ein berechtigtes Interesse liegt immer dann vor, wenn es sich aus vernünftigen Überlegungen ergibt und die vorgesehene Datenverwendung und der damit verfolgte Zweck im Einklang mit der Rechtsordnung stehen. Ein rechtliches Interesse würde demgegenüber voraussetzen, daß die Übermittlung/Einsichtnahme bezweckt, eine tatsächliche Unsicherheit über ein Rechtsverhältnis zu klären, das Verhalten des Empfängers in rechtlich bedeutsamer Weise nach dem Ergebnis der Übermittlung/Einsichtnahme auszurichten oder eine gesicherte Grundlage für die Verfolgung eines Anspruchs zu erhalten.[59] Ein solches rechtliches Interesse ist nach herrschender Meinung aber nicht erforderlich.[60] Vereinzelt wird demgegenüber die Auffassung vertreten, daß dann, wenn ein Datenschutzgesetz den Begriff des berechtigten Interesses verwende, ohne dem Betroffenen die Möglichkeit zu eröffnen, eine Übermittlung mittels Widerspruchs zu verhindern, dieser Begriff "bei verfassungskonformer Auslegung im Sinne eines rechtlichen Interesses ... interpretiert werden müsse". Zur Begründung wird darauf verwiesen, daß sich ein berechtigtes Interesse im herkömmlichen Sinne nicht zugleich als Allgemeininteresse begreifen lasse, sondern lediglich ein - wenn auch anerkennungswertes - Individualinteresse darstelle.[61] Diese Auffassung vermag indes schon deshalb nicht zu überzeugen, weil eine Übermittlung gleichzeitig dem berechtigten Individualinteresse des einzelnen dienen und im Allgemeininteresse liegen kann. So hat z.B. auch das Bundesverfassungsgericht in seiner Entscheidung zur Einsichtnahme in das Schuldnerverzeichnis maßgeblich darauf abgestellt, daß die Eintragung in das Verzeichnis und damit letztlich auch die Einsicht in dasselbe nicht allein den privaten Interessen einzelner Kreditinstitute oder anderer Gläubiger, sondern auch dem Schutz letztlich aller Marktteilnehmer und damit einem überwiegenden Allgemeininteresse diente.[62] Daher ist mit der herrschenden Meinung davon auszugehen, daß ein berechtigtes Interesse bereits dann vorliegt, wenn

---

58 Vgl. nur: ORDEMANN/SCHOMERUS, § 11, Anm. 1.2.; DAMMANN, in: S/D/M/R, § 11, Rn. 14 m.w.N.
59 Vgl. SCHOENEMANN, DVBl. 1988, 520 (521), m.w.N.
60 ORDEMANN/SCHOMERUS, § 11, Anm. 1.2.; DAMMANN, in: S/D/M/R, § 11, Rn. 15; BERGMANN/MÖHRLE/HERB, Band 1, § 11 BDSG Rn. 2; SCHAFFLAND/WILTFANG, § 11 Rn. 13.
61 Vgl. im einzelnen SCHOENEMANN, DVBl. 1988, 520 (521).
62 BVerfG, NJW 1988, 3009 (3009 f.)

der Empfänger ein wirtschaftliches, soziales oder auch ideelles Interesse an der Einsichtnahme hat.[63] Es muß aber in der Regel ein unmittelbares oder mittelbares eigenes Interesse des Empfängers sein, das die Übermittlung rechtfertigt.[64] Gleichwohl reicht es auch aus, wenn ein an sich nicht eigenes Interesse des Empfängers berührt wird, dieser davon aber so stark betroffen ist, daß er sich nach vernünftiger Auffassung zu seinem Vertreter aufwerfen darf.[65]

Demgegenüber reicht es nicht aus, daß an der Tätigkeit des Empfängers ein allgemeines Interesse besteht. Damit wäre ein Freibrief zum Empfang beliebiger Daten gegeben.[66] Ein berechtigtes Interesse kann vielmehr nur dann und insoweit vorliegen, als die Kenntnis der Daten für die von dem Empfänger beabsichtigten Ziele und Zwecke erforderlich ist. Es fehlt daher regelmäßig bezüglich solcher Informationen, die der Empfänger nicht benötigt.[67] Voraussetzung ist zudem, daß die vom Empfänger verfolgten Ziele und Zwecke ihrerseits schutzwürdig sind.

Im folgenden wird auf einige ausgewählte Konstellationen eingegangen, von denen erwartet werden kann, daß sie den Großteil der in der Praxis zu erwartenden Fälle erfassen.

Am häufigsten dürfte ein wirtschaftliches Interesse des potentiellen Empfängers in Betracht kommen. Hiernach ist ein berechtigtes Interesse regelmäßig bei potentiellen Grundstückseigentümern oder Nutzungsberechtigten zu bejahen, weil hier stets wirtschaftliche Interessen betroffen sind. Auch wenn die Geschäftszwecke, d.h. die unternehmerische Tätigkeit der privaten Stelle, auf keine rechtlichen Bedenken stoßen, liegt das Übermittlungsersuchen regelmäßig im berechtigten Interesse der privaten Stelle. Das ist z.B. der Fall, wenn die Daten der Risikominimierung ("Bonitätshinweise") oder der Akquisition dienen.[68]

Ebenso wird bei Personen, die in unmittelbarer oder mittelbarer Beziehung zu dem von der Einsichtnahme betroffenen Grundstück stehen, ein berechtig-

---

63 ORDEMANN/SCHOMERUS, § 11 Anm. 1.2.; DAMMANN, in: S/D/M/R, § 11 Rn. 15; BERGMANN/MÖHRLE/HERB, Band 1; § 11 BDSG Rn. 2.
64 ORDEMANN/SCHOMERUS, § 11, Anm. 1.2.
65 ORDEMANN/SCHOMERUS, § 11, Anm. 1.2.
66 ORDEMANN/SCHOMERUS, § 11, Anm. 1.2.
67 BGH, NJW 1984, 1886 (1887); SCHAFFLAND/WILTFANG, § 11 Rn. 15; BERGMANN/ MÖHRLE/HERB, Band 1, § 11 BDSG Rn. 1.
68 SCHAFFLAND/WILTFANG, § 11, Rn. 14.

tes Interesse in der Regel zu bejahen sein. Insoweit dürfte die Einsichtnahme einen Warnhinweis darstellen, der es z.B. ermöglicht, spezielle Vorsichtsmaßnahmen zur Verhinderung von Rechtsbeeinträchtigungen zu treffen. Zu dem hier angesprochenen Personenkreis sind etwa Nachbarn, Personen, die sich - aus welchem Grund auch immer - (z.B. Arbeiter, Personen, die ihren Hund ausführen) häufiger oder auch nur manchmal auf dem Grundstück aufhalten, Eltern von Kindern, die dort - sei es erlaubt oder nicht erlaubt - spielen, sowie Verbraucher von auf dem Grundstück erzeugten Gegenständen, bei denen eine Kontamination nicht auszuschließen ist, anzusehen.

Für Bürgerinitiativen, Umweltverbände oder dergl. ist das berechtigte Interesse jedenfalls dann zu bejahen, wenn ein lokaler Bezug vorhanden ist. Gleichzeitig betriebene überregionale Aktivitäten berühren diese Einordnung nicht.

2.2.3.2 "Schutzwürdige Belange" des Betroffenen

Sofern der Empfänger ein berechtigtes Interesse an der Einsichtnahme hat, ist zu prüfen, ob durch eine etwaige Übermittlung schutzwürdige Belange des Betroffenen berührt werden.

Wie bereits oben unter 2.1.3 festgestellt wurde, zählt jedenfalls das Interesse des Eigentümers/Nutzers eines Grundstücks, daß Daten, die das Grundstück betreffen, nicht jedermann zugänglich gemacht werden, zu den schutzwürdigen Belangen des Betroffenen.

Während diese Feststellung für die Bejahung der Anwendungsvoraussetzung noch ausreiche, bedarf es im Rahmen der Prüfung des § 16 Abs. 1 2. Alt. SDSG einer umfassenderen Bestimmung der einschlägigen schutzwürdigen Belange. Dies ist geboten, um eine vollständige, alle maßgeblichen Belange berücksichtigende Interessenabwägung zu gewährleisten.

Da es bei den schutzwürdigen Belangen auf die Bedeutung und die hypothetischen Folgen einer Übermittlung für den jeweils Betroffenen ankommt, sind bei der konkreten Bestimmung sowohl objektive als auch subjektive Aspekte zu beachten. Eine Übermittlung berührt demnach schutzwürdige Belange, wenn
- sie aus objektiver Sicht unter Zugrundelegung durchschnittlicher Verhältnisse zu Nachteilen für den Betroffenen führen kann,

- aufgrund besonderer Umstände dem Betroffenen Nachteile entstehen können
- oder wenn der Betroffene der Übermittlung generell oder im konkreten Fall widersprochen hat.[69]

Welcher Art die drohenden Nachteile sind, etwa wirtschaftlicher oder persönlicher Art, ist gleichgültig. Unbeachtlich sind lediglich ganz geringfügige Beeinträchtigungen, die nach allgemeiner Auffassung ohne weiteres hingenommen werden, z.b. die bloße Erleichterung der Kenntnisnahme nicht diskriminierender Angaben, die der Empfänger auch auf einem anderen erlaubten Wege ohne besondere Schwierigkeiten erlangen könnte.[70]

Vorliegend ist zu berücksichtigen, daß die Datensätze eine Vielzahl von Angaben enthalten, deren Kenntnisnahme jedenfalls z.T. - auf erlaubtem Wege - nicht ohne weiteres möglich ist. Dies betrifft etwa die Angaben zur geplanten Nutzung und zur Bodenbeschaffenheit. Eine Verneinung schutzwürdiger Belange unter Berufung auf die Geringfügigkeit der gespeicherten Daten kommt daher nicht in Betracht.

Im übrigen ist hinsichtlich der eingangs aufgeführten Voraussetzungen für die Bejahung der Betroffenheit eines schutzwürdigen Belanges von folgendem auszugehen:

Über den - bereits dargelegten - Nachteil des Bekanntwerdens der Eigentums-/Nutzungsverhältnisse am Grundstück und damit über den Nachteil der Öffnung der Geheimsphäre gegenüber jedermann hinaus sind aus objektiver Sicht und unter Zugrundelegung durchschnittlicher Verhältnisse wirtschaftliche Nachteile für den jeweils betroffenen Grundstückseigentümer/ Nutzungsberechtigten nicht von vornherein zu verneinen. Da für die in den Datensätzen erfaßten Grundstücke nämlich ein Kontaminationsverdacht nicht sicher auszuschließen ist, ist zu berücksichtigen, daß bereits mit dem Bekanntwerden der (bloßen) Tatsache der Erfassung in dem Kataster ein Wertverfall des Grundstücks selbst bzw. eines auf diesem befindlichen Gewerbe-

---

69 DAMMANN, in: S/D/M/R, § 11, Rn. 17 f. A.A. ORDEMANN/SCHOMERUS, die im Falle eines Widerspruchs des Betroffenen stets eine Beeinträchtigung schutzwürdiger Belange annehmen. Diese Ansicht vermag indes schon deshalb nicht zu überzeugen, weil ORDEMANN/SCHOMERUS, wie bereits unter Punkt 2.2.3. erwähnt, nicht, wie geboten, trennen zwischen der Berührung und der Beeinträchtigung schutzwürdiger Belange.
70 Zu beachten ist aber, daß sich die speichernde Stelle nicht einfach über einen ausdrücklichen Widerspruch unter Hinweis auf die Geringfügigkeit hinwegsetzen kann. DAMMANN, in: S/D/M/R, § 11, Rn. 19.

betriebes bis hin zur vollständigen Unveräußerbarkeit einhergehen kann. Weitere Nachteile sind aus objektiver Sicht unter Zugrundelegung durchschnittlicher Verhältnisse allerdings auch nicht zu erwarten.

In bezug auf Nachteile, die dem Betroffenen aufgrund besonderer Umstände entstehen, ist zu bedenken, daß in dem Kataster Produktionsdaten, die über den Informationsgehalt allgemein zugänglicher Quellen (Adreßbücher, Branchentelefonbücher usw.) hinausgehen, ebenso nicht enthalten sind wie Daten zu Boden- und Grundwasseranalysen. Deshalb wird man sagen können, daß es sich bei den zur Einsichtnahme vorgesehenen Daten um solche ohne sensible Angaben handelt. Von daher ist die Wahrscheinlichkeit der Betroffenheit schutzwürdiger Belange aufgrund eines aus besonderen Umständen resultierenden Nachteils als sehr gering einzuschätzen, so daß hierauf bei der unter Punkt 2.2.3.3 vorzunehmenden Interessenabwägung nicht vertieft eingegangen zu werden braucht.

Hingegen ist die Betroffenheit schutzwürdiger Belange aufgrund eines generellen oder auf den konkreten Fall bezogenen Widerspruchs des Betroffenen gegen eine Übermittlung nicht unwahrscheinlich. Diese Fallkonstellation ist daher im Rahmen der unter Punkt 2.2.3.3 vorzunehmenden Interessenabwägung zu berücksichtigen.

Festzuhalten bleibt somit, daß durch eine Einsichtnahme in die Datensätze insofern "schutzwürdige Belange" des Betroffenen berührt werden, als die Einsichtnahme
- das Interesse des Grundeigentümers/Nutzers eines Grundstücks, daß Daten, die sein Grundstück betreffen, nicht jedermann zugänglich gemacht werden, tangiert,
- zur Folge haben kann, daß das Grundstück selbst bzw. ein darauf befindlicher Gewerbebetrieb einen Wertverlust erleidet,
- der Betroffene einer Einsichtnahme generell oder im Einzelfall widersprochen hat.

2.2.3.3 Abwägung der Interessen des Empfängers mit denen des Betroffenen

Wie bereits dargelegt wurde, setzt die Beantwortung der Frage, ob schutzwürdige Belange des Betroffenen beeinträchtigt werden, eine am Verhältnismäßigkeitsprinzip orientierte Abwägung der widerstreitenden Interessen voraus, d.h. eine Abwägung zwischen den berechtigten Interessen des Empfängers und den schutzwürdigen Belangen des Betroffenen.

Das Verhältnismäßigkeitsprinzip verlangt dabei, wie das Bundesverfassungsgericht in seiner bereits zitierten Entscheidung zur Bekanntgabe von Entmündigungen noch einmal ausdrücklich ausgeführt hat, "daß eine Grundrechtsbeschränkung von hinreichenden Gründen des Gemeinwohls gerechtfertigt wird, das gewählte Mittel zur Erreichung des Zwecks geeignet und erforderlich ist und bei der Gesamtabwägung zwischen der Schwere des Eingriffs und dem Gewicht der ihn rechtfertigenden Gründe die Grenze des Zumutbaren noch gewahrt ist".[71] Hieraus folgt insbesondere, daß die berechtigten Interessen, die eine Übermittlung und damit eine Beschränkung des Rechts auf informationelle Selbstbestimmung rechtfertigen sollen, um so gewichtiger sein müssen, je stärker die schutzwürdigen Belange des Betroffenen berührt werden. Das wird zwar in Rechtsprechung und Literatur in dieser Akzentuierung - soweit ersichtlich - so nicht ausdrücklich gesagt, entspricht aber den allgemeinen Ausführungen und den angeführten Beispielen.[72]

So finden sich Passagen , daß unter einer Beeinträchtigung nicht jede negative Beeinflussung des Betroffenen, sondern nur eine solche von einer gewissen Intensität zu verstehen sei. Die Belange des Betroffenen müssen also nicht nur für sich gesehen schutzwürdig sein, sondern vielmehr dem Interesse des Empfängers vorgehen.[73] Ebenso ist allgemein anerkannt, daß dann, wenn ein qualifiziertes berechtigtes Interesse an einer Übermittlung besteht, diesem entsprechend qualifizierte Belange des Betroffenen entgegengestellt werden müssen, wenn sie im Verhältnis dazu schutzwürdig sein sollen.[74] Ein berechtigtes Interesse an der Übermittlung wird unter anderem dann anerkannt, wenn der mit der Kenntnis der Daten verfolgte Zweck im öffentlichen oder auch im Interesse des Betroffenen liegt oder der Empfänger ein rechtliches Interesse an der Kenntnis der Daten geltend machen kann.[75]

Im Rahmen der Interessenabwägung sind insbesondere Art und Sensibilität der Daten sowie Motiv, Zweck und Sozialadäquanz der beabsichtigten Nut-

---

71 BVerfGE 78, 77 (85) = NJW 1988, 2031 (2031), m.w.N.
72 Vgl. nur OLG Celle, BDSG-Dokumentation, § 11, E 2, S. 3; ORDEMANN/ SCHOMERUS, § 11, Anm. 1.2.; AUERNHAMMER, § 11, Rn. 9; DAMMANN, in: S/D/ M/R, § 11, Rn. 21 f.; SCHAFFLAND/WILTFANG, § 11, Rn. 25 ff.
73 DAMMANN, in: S/D/M/R, § 11, Rn. 2.1.; SCHAFFLAND/WILTFANG, § 11, Rn. 27 m.w.N.
74 Siehe nur OLG Celle, BDSG-Dokumentation, § 11, E 2, S. 3; ORDEMANN/ SCHOMERUS, § 11, Anm. 1.2.; DAMMANN, in: S/D/M/R, § 11, Rn. 22; SCHAFFLAND/WILTFANG, § 11, Rn. 26.
75 ORDEMANN/SCHOMERUS, § 11, Anm. 1.2.; DAMMANN, in: S/D/M/R, § 11, Rn. 22; SCHAFFLAND/WILTFANG, § 11, Rn. 22.

zung zu berücksichtigen.[76] Die Frage, inwieweit Informationen/Daten sensibel sind, läßt sich dabei nur auf der Grundlage der Feststellung der persönlichkeitsrechtlichen Bedeutung eines Datums und der Kenntnis seines Verwendungszusammenhangs klären. "Erst wenn Klarheit darüber besteht, zu welchem Zweck Angaben verlangt werden und welche Verknüpfungs- und Verwendungsmöglichkeiten dabei bestehen, läßt sich die Frage einer zulässigen Beschränkung des Rechts auf informationelle Selbstbestimmung beantworten".[77] Zudem ist zu beachten, daß es nicht Aufgabe des Datenschutzes ist, von der Rechtsordnung mißbilligte, insbesondere auf kriminellem Verhalten beruhende Interessen eines Betroffenen zum Nachteil der Rechtsgemeinschaft durchzusetzen.[78]

Sofern es um Daten geht, die die Empfänger bzw. Dritte sich auch auf andere Weise, sei es aus allgemein zugänglichen Quellen oder durch besondere Recherchen, beschaffen können, kann das ebenfalls bei der Entscheidung berücksichtigt werden.[79]

Legt man die vorstehenden Anforderungen zugrunde, so sieht eine Interessenabwägung hier wie folgt aus:
Die Einsichtnahme in die Datensätze gemäß § 16 Abs. 1 2. Alt. SDSG dient zunächst den individuellen berechtigten Interessen des einzelnen Datenempfängers (vgl. oben 2.2.3.1). Dabei ist diesen im Einzelfall unterschiedliches Gewicht beizumessen je nachdem, worauf sie gestützt werden.[80] Die Übermittlung der in den Datensätzen gespeicherten Informationen geht aber über die Befriedigung individueller Interessen hinaus. Wenn nach § 16 Abs. 1 2. Alt. SDSG das Ergebnis eines Bewertungsverfahrens in dem Altlastenkataster festgehalten und veröffentlicht wird, kommt der Datenübermittlung gleichzeitig eine besondere Schutz- und Warnfunktion zu. Es sollen alle von den Folgen einer möglichen Altlast potentiell Betroffenen vor den möglicherweise bestehenden Gefahren gewarnt und so für die Zukunft vor Schäden, seien sie gesundheitlicher oder sonstiger Art, bewahrt werden.

---

76 Vgl. TINNEFELD/TUBIES, S. 101; s.a. BVerfGE 65, 1 (45 f.) = NJW 1984, 419 (422).
77 BVerfGE 65, 1 (45) = NJW 1984, 419 (422).
78 So AUERNHAMMER, § 11, Rn. 9, und EHMANN, RDV 1988, 169 (180), jeweils m.w.N.. A.A. OVG Münster, NJW 1979, 2221 (2221) - die Ausführungen des Gerichts beziehen sich aber auf das nordrhein-westfälische DSG und auf Erwägungen des Landesgesetzgebers. Daher braucht hierauf nicht weiter eingegangen zu werden.
79 ORDEMANN/SCHOMERUS, § 11, Anm. 1.2.
80 So ist z.B. das Übermittlungsinteresse des Nachbarn eines kontaminationsverdächtigen Grundstücks als sehr hoch zu bewerten, da es um das gesundheitliche Wohl geht. Das ausschließlich auf wirtschaftliche Interessen gestützte Übermittlungsinteresse etwa eines Maklers ist demgegenüber vergleichsweise deutlich geringer zu bewerten.

Die Übermittlung der in den Datensätzen gespeicherten Informationen nach dem Saarländischen Datenschutzgesetz dient damit nicht allein den privaten Interessen einzelner Datenempfänger. Die Befriedigung des Bedarfs an Informationen über Altlasten und altlastenverdächtige Flächen ermöglicht es nämlich, frühzeitig Gefahrenabwehr- und Vorsorgemaßnahmen zu treffen. Gleichzeitig dienen die Informationen der Stabilisierung des Grundstücksmarktes, da durch die Möglichkeit der Informationen über das Vorliegen einer kontaminierten bzw. zumindest kontaminationsverdächtigen Fläche Verunsicherungen der Käufer und damit einhergehende, auf Kaufzurückhaltung beruhende, Markteinbußen weitgehend ausgeschlossen werden. Zudem kann der mit der Übermittlung der Datensätze verbundene Hinweis auf mögliche Gefahren, die von den erfaßten Flächen ausgehen können, Politiker und Verwaltung mobilisieren und bei den Bürgern das Bewußtsein wecken, in Zukunft die Behörden über bislang unbekannte Standorte zu informieren.[81] Die Übermittlung der Datensätze trägt damit zur Verringerung volkswirtschaftlicher Fehlentwicklungen und u.U. auch zur Verhinderung von Wirtschaftskriminalität (betrügerischer Verkauf kontaminationsverdächtiger Grundstücke) bei. Ein rechtlich geordneter, ziel- und zweckgebundener Informationsfluß innerhalb des ökonomischen Prozesses, um den es auch bei der Übermittlung der Datensätze geht, dient dem Schutz letzlich aller Marktteilnehmer und damit einem überwiegenden Allgemeininteresse.[82]

Da eine Übermittlung der Datensätze gemäß § 16 Abs. 1 2. Alt. SDSG demzufolge über das individuelle berechtigte Interesse hinaus auch im öffentlichen Interesse liegt, bedarf es daher keiner weiteren Differenzierung und Gewichtung in bezug auf die denkbarerweise tangierten berechtigten Interessen einzelner Datenempfänger. Vielmehr ist im folgenden allein abzuwägen zwischen dem öffentlichen Übermittlungsinteresse und den unter Punkt 2.2.3.2 festgestellten berührten "schutzwürdigen Belangen" des von der Übermittlung Betroffenen.

Insoweit ist zunächst festzustellen, daß allein der bloße Widerspruch gegen eine im öffentlichen Interesse liegende Handlung dieses öffentliche Interesse nicht aufwiegen kann. Daher werden im Falle einer Datenübermittlung schutzwürdige Belange des Betroffenen nicht schon dadurch beinträchtigt, daß dieser einer Einsichtnahme generell oder im Einzelfall widersprochen hat.

---

81 In diesem Sinne auch MÜSSIGMANN, Der Städtetag 1990, 13 (13).
82 Vgl. in diesem Zusammenhang das BVerfG, NJW 1988, 3009 (3010).

Bei schutzwürdigen Belangen eines Grundstückseigentümers/Nutzers, die daraus resultieren, daß das Grundstück betreffende Daten nicht jedermann zugänglich gemacht werden, ist zu berücksichtigen, daß die in den Datensätzen gespeicherten Daten nicht über den Informationsgehalt allgemein zugänglicher Quellen wie z.B. Adreß- oder Branchentelefonbücher hinausgehen (vgl. oben 1.1.). Zum Teil könnten die Daten auch durch Recherchen - etwa Erkundigungen bei den Grundstücksnachbarn oder Einsichtnahme in amtliche Bekanntmachungen - beschafft werden.[83]

Die zu übermittelnden Daten sind für den Empfänger insofern von Bedeutung, als sie ihm Rückschlüsse auf die Wahrscheinlichkeit des Vorliegens einer Altlast und das mögliche Ausmaß der von dieser ausgehenden Gefahren erlauben. Für andere Zwecke oder Verknüpfungen mit anderen Daten des Betroffenen lassen sich die in den Datensätzen gespeicherten Einzelinformationen grundsätzlich aber nicht verwenden. Das folgt nicht zuletzt auch aus dem Umstand, daß die gespeicherten Angaben sich zum überwiegenden Teil ausschließlich auf die konkreten örtlichen Gegebenheiten der einzelnen Grundstücke beziehen. Insofern handelt es sich also grundsätzlich nicht um Daten mit einem sensiblen Informationsgehalt. Etwas anderes könnte allenfalls insoweit gelten, als aus den übermittelten Daten Rückschlüsse auf die Eigentumsverhältnisse an einem Grundstück gezogen werden können (vgl. oben 1.1.). Insoweit ist indes zu berücksichtigen, daß die in den Datensätzen gespeicherten Einzelinformationen für den Empfänger letztlich weniger von Bedeutung sind und damit für den Betroffenen weniger einschneidende Wirkungen haben als die Tatsache der Erfassung des Grundstücks in dem Altlastenkataster überhaupt. Wie bereits festgestellt wurde (vgl. oben 2.2.3.2), kann das bloße Bekanntwerden der Erfassung eines Grundstücks in dem Altlastenkataster einen Wertverfall des Grundstücks bzw. eines Gewerbebetriebes, das sich darauf befindet, bis hin zur vollständigen Unveräußerlichkeit auslösen. Demzufolge wiegt das Bekanntwerden der Eigentumsverhältnisse an dem Grundstück für den Betroffenen selbst dann vergleichsweise gering, zumal auch die Möglichkeiten einer Zweckentfremdung oder Verknüpfung mit anderen Daten insoweit als begrenzt einzuschätzen sind. Aus den vorstehenden Erwägungen folgt, daß schutzwürdige Belange des Grundstückseigentümers/Nutzers, die durch die Offenbarung von grundstücksbezogenen Daten berührt werden, jedenfalls von geringerem Gewicht sind als das öffentliche Interesse an der Übermittlung der Datensätze. Auch insoweit liegt dem-

---

83 Dies gilt insbesondere für jene Daten, die die Art und Dauer der Grundstücksnutzung und die rechtliche Situation der örtlichen Lage (Wasserschutzzone, Landschafts-/Naturschutzgebiet) betreffen.

nach keine Beeinträchtigung schutzwürdiger Belange des(r) Betroffenen vor. Zudem ist zu bedenken, daß das Vorliegen eines Kontaminationsverdachts vielfach gleichzusetzen ist mit der Möglichkeit einer Gesundheitsgefährdung, so etwa dann, wenn eine Grundwasserverunreinigung in Betracht zu ziehen ist. Die Abwägung spitzt sich dann darauf zu, daß in Beziehung zu setzen ist der mögliche Wertverlust - der (zumindest weitgehend) wieder entfällt, wenn sich im Verlauf der weiteren Untersuchungen herausstellt, daß der Kontaminationsverdacht unbegründet war, und der möglichen Gesundheitsbeeinträchtigung. Für letztere ist der Zeitfaktor wesentlich. Es kommt nämlich darauf an, daß gehandelt wird, bevor die Schadstoffe sich ausbreiten und nur noch mit großem Aufwand - u.U. auch nur teilweise - eingedämmt werden können.[84]

Auch diese Erwägungen führen zu dem Ergebnis, daß das Geheimhaltungsinteresse des Betroffenen zurückzustehen hat.

2.2.3.4 Feststellung der gesetzlichen Voraussetzungen

Wie bereits oben (unter Punkt 2.2.3.) dargelegt, muß der Empfänger sein berechtigtes Interesse an der Kenntnis der Daten glaubhaft machen. Der Empfänger muß daher in schlüssiger Form Informationen vorbringen, aus denen sich ergibt, aus welchem Grunde er die Tatsachen benötigt.

In bezug auf die Form des Glaubhaftmachens ist nichts ausdrücklich vorgeschrieben. In den einschlägigen Stellungnahmen finden sich dazu unterschiedliche Auffassungen.

ORDEMANN/SCHOMERUS sehen eine schlüssige Darlegung als ausreichend an und stellen darüber hinaus keine weiteren Anforderungen.[85] Nach SCHAFFLAND/WILTFANG genügen schriftliche Erklärungen, mündliche Darlegungen und auch schlichte Erklärungen Dritter den Anforderungen an die Form des Glaubhaftmachens. Förmliche Beweismittel, wie z.B. Urkunden, seien ebensowenig erforderlich wie eidesstattliche Versicherungen.[86] Demgegenüber vertritt DAMMANN die Auffassung, daß zur Glaubhaftmachung eines berechtigten Interesses an Daten, die über Grunddaten (§ 24 Abs. 2 BDSG) hinausgehen, aus Schutzgründen regelmäßig mehr als eine Er-

---

84 Wie hier MÜSSIGMANN, Der Städtetag 1990, 13 (17).
85 ORDEMANN/SCHOMERUS, § 11, Anm. 1.2.
86 SCHAFFLAND/WILTFANG, § 11, Rn. 17.

klärung des Interessenten erforderlich sei. Da der Empfänger bei falschen Angaben mangels Straftatbestandes in der Regel nicht strafrechtlich belangt werden könne und auch eine unbefugte Weitergabe der Daten durch ihn in der Regel sanktionslos bleibe, sei meist zumindest eine Überprüfung der Identität und der Legitimation, z.B. durch Vorlage eines Ausweises und/oder einer Vollmacht, notwendig. Werde das Interesse auf ein bestimmtes Gewerbe oder einen Beruf gestützt, so sei dessen Ausübung durch Vorlage entsprechender Beweismittel darzulegen. Im übrigen könne sich der Empfänger aller Beweismittel bedienen.[87] AUERNHAMMER und TINNEFELD/TUBIES sowie BERGMANN/MÖHRLE/HERB schließlich führen aus, daß für die Glaubhaftmachung eine überwiegende Wahrscheinlichkeit ausreiche, und verweisen in dem Zusammenhang insbesondere auf die Abgabe einer eidesstattlichen Versicherung (vgl. § 294 ZPO) oder die Vorlage von Unterlagen.[88]

Bei der Entscheidung über die gebotene Form der Glaubhaftmachung ist maßgeblich zu berücksichtigen, daß eine Datenübermittlung gemäß § 16 Abs. 1 2. Alt. SDSG für den Betroffenen zwangsläufig die Beschränkung seines Rechts auf informationelle Selbstbestimmung zur Folge hat und damit unmittelbar auf seine Rechtsstellung einwirkt. Dieser Umstand spricht dafür, strenge Anforderungen an die Form der Glaubhaftmachung des berechtigten Interesses zu stellen.[89] Dafür spricht weiter der Umstand, daß die Überprüfung der Glaubhaftmachung des Vorliegens eines berechtigten Interesses des Empfängers an der Einsichtnahme in besonders starker Weise geeignet ist, den Betroffenen vor einer unberechtigten Übermittlung zu schützen. Ein berechtigtes Interesse ist somit nur dann als glaubhaft anzuerkennen, wenn eine überwiegende Wahrscheinlichkeit für dessen Vorliegen spricht. Daher ist von dem Empfänger regelmäßig die Abgabe einer eidesstattlichen Versicherung oder die Vorlage von Unterlagen zu verlangen, aus denen sich ein solches Interesse ergibt. Zudem muß die Identität des Empfängers festgestellt werden. Das kann etwa dadurch geschehen, daß dieser seinen Personalausweis vorlegt. Ein solches Vorgehen ist unter anderem auch deshalb geboten, um dem Betroffenen die Möglichkeit eines effektiven Rechtsschutzes zu erhalten (vgl. im übrigen auch unten unter 2.2.3.6).

---

87 DAMMANN, in: S/D/M/R, § 11, Rn. 24.
88 AUERNHAMMER, § 11, Rn. 10; TINNEFELD/TUBIES, S. 101; BERGMANN/MÖHRLE/HERB, Band 1, § 11 BDSG Rn. 1.
89 So auch SCHOENEMANN, DVBl. 1988, 520 (521).

2.2.3.5 Sicherstellung einer dem Übermittlungszweck entsprechenden Verwendung der Daten, § 16 Abs. 6, 7 SDSG

Nach § 16 Abs. 7 SDSG kann die übermittelnde Stelle die Datenübermittlung mit Auflagen versehen, die den Datenschutz beim Empfänger sicherstellen.

Nach der Vorschrift steht die Verhängung einer Auflage also im Ermessen der Behörde. Indes könnte dieses "Kann" im Lichte des Rechts auf informationelle Selbstbestimmung als "Muß" zu verstehen sein, d.h. es könnte eine Ermessensreduzierung auf Null in dem Sinne anzunehmen sein, daß die übermittelnde Stelle in jedem Fall Auflagen zur Sicherstellung des in § 16 Abs. 6 SDSG normierten Zweckbindungsgebotes zu treffen hat.

Wie das Bundesverfassungsgericht in seinem Volkszählungsurteil in bezug auf den Grundsatz der Zweckbindung ausgeführt hat, ist ein "- amtshilfefester - Schutz gegen Zweckentfremdung durch Weitergabe- und Verwertungsverbote erforderlich. Als weitere verfahrensrechtliche Schutzvorkehrungen sind Aufklärungs-, Auskunfts- und Löschungspflichten wesentlich".[90] Der Umfang der zu treffenden Vorkehrungen hängt dabei von Art, Umfang und den denkbaren Verwendungen der zu übermittelnden Daten sowie der Gefahr ihres Mißbrauchs ab.[91] Diese Ausführungen des Gerichts, die sich unmittelbar auf das Verfassungsrecht und die sich daraus ergebenden Pflichten des Gesetzgebers beziehen, sind auch bei der Auslegung der einzelnen Vorschriften der Datenschutzgesetze zu beachten. Das folgt aus dem Umstand, daß die Verwaltung bei der Datenübermittlung unmittelbar die aus dem Grundgesetz folgenden Beschränkungen zu beachten hat.[92] Vorliegend ist zu berücksichtigen, daß der Empfänger bereits kraft Gesetzes verpflichtet ist, die Daten nur für den Zweck zu verwenden, zu dessen Erfüllung sie ihm übermittelt wurden. Unter dem Begriff "verwenden" ist dabei die Verarbeitung und Nutzung der Daten zu verstehen. Das spricht für die Entbehrlichkeit einer Auflage. Andererseits ist zu bedenken, daß das in § 16 Abs. 6 SDSG normierte Zweckbindungsgebot weder straf- noch bußgeldbewährt ist. § 28 Abs. 1 Nr. 1 SDSG, der die unbefugte Übermittlung der von diesem Gesetz geschützten personenbezogenen und nicht offenkundigen Daten unter Strafe stellt, greift

---

90 BVerfGE 65, 1 (46) = NJW 1984, 419 (422).
91 Vgl. BVerfGE 65, 1 (46) = NJW 1984, 419 (422).
92 Vgl. den Beschluß der Konferenz der Datenschutzbeauftragten des Bundes und der Länder zu den Auswirkungen des Volkszählungsurteils vom 27./28. März 1984, in: S/D/M/R, BDatSchG-Dokumentation, F 12, S. 3, Anm. 1.3.; s.a. DAMMANN, in: S/D/M/R, § 11, Rn. 3; PARDEY, NJW 1989, 1644 (1648 f.).

nicht ein, weil es sich hier bei einer Weitergabe der Informationen durch den Empfänger nicht um das unmittelbare Übermitteln von in einer Datei gespeicherten Daten handelt. § 29 SDSG, der die Verwaltung ermächtigt, Ordnungswidrigkeiten mit einer Geldbuße zu ahnden, erfaßt nicht die Ahndung von Verstößen gegen das in § 16 Abs. 6 SDSG normierte Zweckbindungsgebot. Allenfalls der Verstoß gegen eine nach § 16 Abs. 7 SDSG erteilte Auflage stellt eine Ordnungswidrigkeit dar. Erläßt die Verwaltung keine Auflage zur Sicherstellung des sich aus § 16 Abs. 6 SDSG ergebenden Zweckbindungsgebotes, kann von einem Schutz gegen Zweckentfremdung durch Weitergabe- und Verwendungsverbote kaum die Rede sein. Ein solcher setzt nämlich voraus, daß der Empfänger damit rechnen muß, im Falle einer unbefugten Weitergabe bzw. Verwendung der übermittelten Daten sanktioniert zu werden. Dies ist aber, wie aufgezeigt, ohne Auflagenerteilung nicht der Fall. Hieran vermag auch der Umstand nichts zu ändern, daß der Empfänger bei einer unbefugten Weitergabe bzw. Verwendung der ihm übermittelten Daten gegenüber dem Empfänger jedenfalls unter den Voraussetzungen des § 823 Abs. 2 BGB in Verbindung mit § 16 Abs. 6 SDSG bzw. unter den Voraussetzungen des § 823 Abs. 1 BGB schadenersatzpflichtig ist.[93] Ein solcher Ersatzanspruch setzt aber stets einen konkreten Schaden voraus. Ihn hat grundsätzlich der Betroffene vor Gericht ebenso zu beweisen wie die übrigen anspruchsbegründenden Tatsachen.[94]

Sofern der Betroffene eine der anspruchsbegründenden Tatsachen nicht beweisen kann, kann der Empfänger für eine entgegen § 16 Abs. 6 SDSG vorgenommene Handlung nicht zur Rechenschaft gezogen werden. Ein etwaiger Schadensersatzanspruch vermag daher allenfalls in geringem Maß eine Abschreckung und damit eine Schutzfunktion auszuüben.

Darauf kommt es im vorliegenden Zusammenhang letztlich aber auch nicht entscheidend an. Die Verpflichtung, Vorkehrungen zum Schutz gegen eine Zweckentfremdung der übermittelten Daten zu treffen, obliegt nämlich, wie sich aus der bereits dargestellten Rechtsprechung des Bundesverfassungsgerichts ergibt, dem Gesetzgeber und der Verwaltung. Daher kann selbst das Bestehen eines vom Betroffenen durchzusetzenden Schadensersatzanspruches die öffentliche Hand nicht davon entbinden, ihrerseits Schutzvorkehrungen zu treffen, um der Gefahr eines Mißbrauchs der übermittelten Daten angemessen entgegenzuwirken. Die einzige Möglichkeit, Vorkehrungen gegen

---

93 Vgl. in diesem Zusammenhang nur PALANDT-THOMAS, § 823 Anm. 15 B)d); SCHMIDT, Rn. 667 ff., jeweils m.w.N.
94 PALANDT-THOMAS, § 823 Anm. 13 a).

eine Zweckentfremdung zu treffen, besteht darin, eine Übermittlung mit der Auflage zu versehen, daß der Empfänger die übermittelten Daten nur für den Zweck verwendet, zu dessen Erfüllung sie ihm übermittelt wurden, und den Empfänger gleichzeitig darauf hinzuweisen, daß eine Zuwiderhandlung gegen diese Auflage eine Ordnungswidrigkeit darstellt, die mit einem Bußgeld (bis zu 50.000,- DM) geahndet werden kann (§ 29 Abs. 2, 3 SDSG). Nur die Androhung eines Bußgeldes in dieser Höhe hat eine abschreckende Wirkung auf den Empfänger und bewirkt so einen ausreichenden Schutz des Betroffenen. Diese Erwägungen sprechen bereits dafür, die vorgenannte Auflage generell, d.h. in jedem Einzelfall ohne nähere Berücksichtigung der konkreten Umstände, zu erteilen.

Dies erscheint auch aus einem weiteren Grunde geboten. Eine unbefugte Weitergabe bzw. Verwendung der Kartierergebnisse kann schutzwürdige Belange des Betroffenen ebenso berühren wie eine rechtmäßige Übermittlung und daher z.B. ebenso zu einem Wertverlust des Grundstücks selbst bzw. eines auf diesem befindlichen Gewerbebetriebes bis hin zur vollständigen Unveräußerbarkeit führen.

Derartige Zweckbindungsauflagen können im Einzelfall zu Problemen führen, namentlich dann, wenn die Datenempfänger ihre Aufgabe - jedenfalls auch - darin sehen, als Multiplikatoren aufzutreten und vielleicht sogar unter Verwendung der erlangten Informationen die Öffentlichkeit zu bestimmten Verhaltensweisen zu veranlassen. Bei Bürgerinitiativen und Umweltschutzorganisationen ist dies denkbar. Hier kommt es darauf an, die jeweils verfolgten Zielsetzungen präzise zu prüfen, um zu verhindern, daß pauschal Daten erlangt und mit ihnen umgegangen werden kann. Ergibt sich jedoch, daß das Anliegen der in Frage stehenden Organisation oder Gruppierung eng genug mit der Fläche verbunden ist, über die Informationen gewünscht werden, dann folgt daraus, daß diese Informationen im weiteren Verlauf der politischen Auseinandersetzung der Öffentlichkeit zugänglich (gemacht) werden, nicht, daß insoweit eine restringierende Auflage zu erfolgen hat.

In Betracht kommt des weiteren die Auflage, die übermittelten Daten zu einem bestimmten Zeitpunkt zu löschen. Indes ergibt sich ein Löschungseffekt de facto bereits dadurch, daß das Altlastenkataster laufend fortgeschrieben wird und so die ursprünglich übermittelten Daten im Laufe der Zeit veralten und damit ihr Bedeutungsgehalt immer geringer wird. Von daher besteht insoweit keine Notwendigkeit zur Erteilung einer Auflage. Ohnehin wäre eine Auflage, mit der dem Empfänger eine Verpflichtung zur Löschung der übermittelten Daten vorgeschrieben wird, kaum geeignet, den Datenschutz beim

Empfänger sicherzustellen, weil deren Erfüllung praktisch nicht überprüft und damit im Zweifel nicht durchgesetzt werden könnte.

Es ist somit festzuhalten, daß die Datenübermittlung generell mit der Auflage zu versehen ist, daß der Empfänger die übermittelten Daten nur für den Zweck verwenden darf, zu dessen Erfüllung sie ihm übermittelt werden. Zugleich ist der Empfänger darauf hinzuweisen, daß eine Zuwiderhandlung gegen diese Auflage eine mit einem Bußgeld von bis zu 50.000,- DM zu ahnende Ordnungswidrigkeit darstellt (§ 29 SDSG).

2.2.3.6 Konsequenzen der Rechtsprechung des Bundesverfassungsgerichts zum Recht auf informationelle Selbstbestimmung für die Rahmenbedingungen der Einsichtnahme

Im Volkszählungsurteil hat das Bundesverfassungsgericht festgestellt, daß Art. 19 Abs. 4 GG nicht nur die Möglichkeit, die Gerichte anzurufen, sondern auch die Effektivität des Rechtsschutzes garantiert. Der Bürger habe einen substantiellen Anspruch auf eine tatsächlich wirksame gerichtliche Kontrolle. Dieses Recht hat zum Inhalt, wie das Gericht weiter ausführt, daß ein Bürger Kenntnis davon erlangen kann, "wer wo über welche seiner personenbezogenen Daten, in welcher Weise und zu welchen Zwecken verfügt". Art. 19 Abs. 4 GG verpflichte daher, "die Übermittlung personenbezogener Daten zu protokollieren, so daß der Bürger von der Weitergabe seiner Daten (gemäß § 13 BDSchG und den entsprechenden Vorschriften der Datenschutzgesetze der Länder) Kenntnis erlangen und dagegen den Rechtsweg beschreiten kann"[95]

2.2.3.7 Rechte des Betroffenen

Aus den Ausführungen des Bundesverfassungsgerichts im Volkszählungsurteil zu Art. 19 Abs. 4 GG (vgl. dazu oben Punkt 2.2.3.6) ergibt sich die Verpflichtung zur Gewährung eines umfassenden Auskunftsrechtes.

---

95 BVerfGE 65, 1 (70) = NJW 1984, 419 (428).

Zulässigkeit der Einsichtnahme nach dem SDSG 47

Es handelt sich dabei gewissermaßen um ein Spiegelbild der Protokollierungspflicht, d.h. dem Betroffenen ist darüber Auskunft zu geben, wer bei dem Stadtverband über welche seiner (personenbezogenen) Daten in welcher Weise und zu welchen Zwecken Einsicht erlangt hat. Das gilt auch insoweit, als diese Informationen nicht in Dateien gespeichert sind.[96] Betroffen davon sind die Angaben über den Empfänger.

In bezug auf die Kenntniserlangung der Daten, auf die sich der Auskunftsanspruch erstreckt, hat das Bundesverfassungsgericht im Volkszählungsurteil[97] den Betroffenen auf § 13 BDSG und die entsprechenden Vorschriften der Länder verwiesen.

Dem jeweiligen Betroffenen ist daher vom Stadtverband Saarbrücken gemäß § 8 SDSG, der § 13 BDSG nachgebildet ist,[98] Auskunft zu erteilen. Nach dieser Vorschrift ist dem Betroffenen auf formlosen Antrag von der speichernden Stelle Auskunft zu erteilen über die zu seiner Person gespeicherten Daten und die Stellen, denen Daten regelmäßig übermittelt werden. In dem Antrag soll die Art der personenbezogenen Daten, über die Auskunft erteilt werden soll, näher bezeichnet werden. Die speichernde Stelle bestimmt das Verfahren, insbesondere die Form der Auskunftserteilung, nach pflichtgemäßem Ermessen. Über den bloßen Wortlaut hinaus ist dem Betroffenen aber auch Auskunft über den Zweck der Speicherung und grundsätzlich auch über die konkreten Empfänger der Daten zu erteilen. Das folgt aus der Rechtsprechung des Bundesverfassungsgerichts zu Art. 19 Abs. 4 GG.

Allerdings sieht § 8 SDSG in Absatz 2 und 3 eine Reihe von Tatbeständen vor, bei deren Verwirklichung eine Auskunftserteilung unterbleibt, d.h. der Antrag auf Auskunft abschlägig zu bescheiden ist. Im vorliegenden Zusammenhang kommt u.U. eine Versagung der Auskunft im Hinblick auf § 8 Abs. 3 Nr. 3 2. HS. SDSG in Betracht. Danach hat eine Auskunft über den konkreten Empfänger dann zu unterbleiben, wenn dieser ein überwiegendes berechtigtes Interesse an der Geheimhaltung seiner Daten nachweist. Entscheidend ist daher, ob im Einzelfall berechtigte Interessen des Empfängers bestehen und diese das mit Grundrechtsrang ausgestattete Auskunftsrecht des Betroffenen überwiegen. Eine solche Fallkonstellation ist hier indes eher unwahrscheinlich.

---

96 Beschluß der Konferenz der Datenschutzbeauftragten des Bundes und der Länder zur Änderung des BDSG vom 14.3.1986, in: BDatSchG-Dokumentation, F 27, S. 3.
97 BVerfGE 65, 1 (70) = NJW 1984, 419 (428).
98 BERGMANN/MÖHRLE/HERB, Band 2, Anm. 1 zu § 8 SDSG.

Nach § 8 Abs. 5 SDSG sind Auskünfte an den Betroffenen grundsätzlich gebührenpflichtig. Sie sind aber ausnahmsweise gebührenfrei, wenn die Auskünfte mündlich erteilt werden können oder keinen wesentlichen Verwaltungsaufwand erfordern.[99] Alle Betroffenen sind hier von der Speicherung und Übermittlung grundsätzlich in derselben Weise betroffen. Daher ist jedem annähernd die gleiche Auskunft zu erteilen. Etwas anderes gilt lediglich in bezug auf die Angabe des Empfängers. Insoweit ist aber zu berücksichtigen, daß es für den Stadtverband Saarbrücken zur Erteilung der Auskunft nur eines kurzen Rückgriffs auf die Erklärungen bedarf, mit denen die Empfänger jeweils ihr berechtigtes Interesse glaubhaft gemacht haben. Die Erteilung der Auskunft erfordert daher im Einzelfall keinen wesentlichen Verwaltungsaufwand. Sie ist somit gebührenfrei zu erteilen.
Das Ergebnis ist auch sachgerecht, da der Empfänger - wie bereits dargelegt - einen aus Art. 19 Abs. 4 GG folgenden verfassungsrechtlichen Anspruch auf die Erteilung der Auskunft hat.

Die Ausübung des Auskunftsrechts ist nur möglich, wenn der Betroffene von der Speicherung und Übermittlung seiner personenbezogenen Daten an Dritte Kenntnis hat. Das Auskunftsrecht bedingt daher eine Unterrichtung des Betroffenen.

Dazu findet sich eine Regelung in § 7 SDSG. Danach hat jedermann das Recht auf Einsicht in das vom Landesbeauftragten für Datenschutz geführte Datenschutzregister (§ 7 Abs. 1). Dieses enthält, wie sich aus § 2 DSRegVO i.V.m. § 7 Abs. 2, 4 SDSG ergibt, die

- Bezeichnung und Anschrift der speichernden Stelle im Sinne des § 3 Abs. 3 Nr. 1 SDSG,
- Bezeichnung, sachliche und örtliche Zuständigkeit der Organisationseinheit der speichernden Stelle,
- Bezeichnung und Anschrift der beauftragten Stelle im Sinne des § 5 SDSG,
- Beschreibung der Datei (§ 3 DSRegVO)
- und die Beschreibung der regelmäßigen Datenübermittlung (§ 4 DSRegVO).

Die registerpflichtigen Angaben werden von der speichernden Stelle nach § 2 Abs. 1 SDSG zum Datenschutzregister gemeldet (§ 5 Abs. 1 DSRegVO

---

99 BERGMANN/MÖHRLE/HERB, Band 2, Anm. 2 zu § 8 SDSG.

i.V.m. § 7 Abs. 3, 4 SDSG). Eine Meldung weiterer Angaben ist nicht vorgesehen. Eine Veröffentlichung über gespeicherte Daten, wie sie etwa § 12 BDSG vorsieht, ist nach dem Saarländischen Datenschutzgesetz nicht vorgesehen.[100] § 7 SDSG stellt insofern eine abschließende Regelung dar. Fraglich ist jedoch, ob sie auch im Falle einer Übermittlung nach § 16 Abs. 1 2. HS 2. Alt. SDSG den Anforderungen an eine ordnungsgemäße Unterrichtung gerecht wird.

Das Saarländische Datenschutzgesetz behandelt, wie sich aus § 2 DSRegVO ergibt, primär die Tatsache und die Einzelheiten der Speicherung personenbezogener Daten. In bezug auf eine Datenübermittlung enthält es hingegen nur dann eine Regelung, wenn sie regelmäßig erfolgt. Was unter einer "regelmäßigen Datenübermittlung" zu verstehen ist, ist weder in der Datenschutzregisterverordnung noch im Saarländischen Datenschutzgesetz selbst definiert. Näheren Aufschluß über den Begriffsinhalt gibt aber der Hinweis des Saarländischen Landesbeauftragten für den Datenschutz zum Saarländischen Datenschutzgesetz vom 12.12.1978. Dort wird festgestellt, daß die ereignisunabhängigen, auf Grund von Ersuchen externer Stellen erfolgenden Übermittlungen nicht zur regelmäßigen Datenübermittlung zählen. Regelmäßig und damit meldepflichtig sind danach nur Datenübermittlungen, wenn bei Eintritt festgelegter Voraussetzungen bestimmte Daten weitergegeben werden, ohne daß es dafür jeweils im Einzelfall einer konkreten Entscheidung der speichernden Stelle bedarf.[101] Eine Einsichtnahme in die Datensätze erfolgt stets nur auf Ersuchen eines Dritten, also einer externen Stelle.

Der Stadtverband Saarbrücken hat also vor einer Datenübermittlung in jedem Einzelfall zu prüfen, ob der betreffende Empfänger ein berechtigtes Interesse hat und dieses glaubhaft macht (vgl. oben Punkt 2.2.3.1 und 2.2.3.4). Zudem hat er grundsätzlich in jedem Einzelfall zu prüfen, ob durch die Übermittlung schutzwürdige Belange des konkret Betroffenen berührt und ggf. beeinträchtigt werden (vgl. oben Punkt 2.2.3.2 und 2.2.3.3). Dies schließt es aus, im Falle der Einsichtnahme in die Datensätze eine regelmäßige Übermittlung im Sinne von § 2 DSRegVO und § 7 Abs. 2 SDSG anzunehmen. Für diese Auslegung spricht auch der Umstand, daß bei der regelmäßigen Datenübermittlung ausnahmslos jeder konkrete Empfänger zu bezeichnen und mit Anschrift in das Datenschutzregister, in das nach § 7 Abs. 1 SDSG jedermann

---

100 BDSG-Df-Hinweis, Anm. 4.2.; BERGMANN/MÖHRLE/HERB, Band 2, Systematische Übersicht BDSG-SDSG, Anm. zu § 12 SDSG.
101 LfDRegHinw., Anm. 2.5.; in diesem Sinne auch AUERNHAMMER, § 12 Rn. 6, m.w.N.; a.A.: DAMMANN, in: S/D/M/R, § 12 Rn. 17; SCHAFFLAND/WILTFANG, § 12 Rn. 38.

einsehen kann, aufzunehmen ist (§§ 2, 4 Abs. 1 Nr. 1 DSRegVO = § 7 Abs. 2 SDG). In diesem Falle liefe nämlich der in § 8 Abs. 3 Nr. 3 2. HS. SDSG geregelte Schutz des Empfängers leer, da jedermann seine konkreten Daten erhalten würde, selbst wenn der Empfänger ein überwiegendes berechtigtes Interesse an der Geheimhaltung seiner Daten nachweist. Die Betroffenen können - in Ermangelung einer regelmäßigen Datenübermittlung - dem Datenschutzregister demnach nur entnehmen, daß auf sie bezogen personenbezogene Daten bei dem Stadtverband Saarbrücken gespeichert sind, nicht jedoch, daß ihre Daten auch an Dritte übermittelt werden.

In diesem Zusammenhang ist zu bedenken, daß die Betroffenen durch die Datenübermittlung stärker betroffen werden als durch die Speicherung ihrer Daten. Im Gegensatz zur bloßen Datenspeicherung kann eine Datenübermittlung nämlich zu einem finanziellen Wertverlust bis hin zu einem völligen Wertverfall des Grundstücks oder Gewerbebetriebes führen (vgl. Punkt 2.2.3.2). In Anbetracht dieser möglichen erheblichen negativen Folgen einer Übermittlung ist es geboten, den Betroffenen ausdrücklich von der Möglichkeit der Übermittlung seiner Daten zu unterrichten. Nur durch diese Unterrichtung wird der Betroffene in die Lage versetzt, die Tragweite des Umstandes der Speicherung zu erkennen und in Kenntnis aller maßgeblichen Umstände angemessen zu entscheiden, ob er sein Auskunftsrecht gegenüber dem Stadtverband ausübt oder darauf verzichtet.

In bezug auf Form und Inhalt der hiernach gebotenen erforderlichen Unterrichtung der Betroffenen lassen sich dem Saarländischen Datenschutzgesetz keine Anhaltspunkte entnehmen. § 7 SDSG ist insoweit, wie sich aus den vorangegangenen Ausführungen ergibt, nicht einschlägig. Hier ist also von einem beträchtlichen Handlungsspielraum auszugehen; es bestehen erhebliche Gestaltungsmöglichkeiten.

In diesem Zusammenhang ist zu berücksichtigen, daß eine Unterrichtung der Betroffenen den Stadtverband Saarbrücken vor z.T. nicht unerhebliche Probleme stellt, da bislang nicht alle von einer Übermittlung Betroffenen bekannt sind. Das gilt namentlich für die betroffenen Gewerbebetriebe. Eine Ermittlung jedes einzelnen noch nicht bekannten Betroffenen ist kaum ohne sehr beträchtlichen Aufwand durchzuführen. Davon abgesehen erfordert auch die Unterrichtung der bereits bekannten Betroffenen einen unter Umständen erheblichen Verwaltungsaufwand.

In Anbetracht dessen ist es angebracht und auch geboten, Form und Inhalt der Unterrichtung im Rahmen eines sachgerechten Interessenausgleichs so zu gestalten, daß der Betroffene in die Lage versetzt wird, sein Auskunftsrecht in der ihm zustehenden Weise auszuüben und gleichwohl der Stadtverband Saarbrücken nicht mit einem übermäßigen Verwaltungsaufwand belastet wird.

Wie ein sachgerechter Interessenausgleich aussehen könnte, läßt sich möglicherweise durch Rückgriff auf Unterrichtungsregelungen in anderen Rechtsgebieten klären. Voraussetzung dafür ist, daß die Zielrichtung der herangezogenen Unterrichtungsregelung der Konstellation entspricht, wie sie hier gegeben ist.

In Betracht kommt ein Rückgriff auf § 12 BauGB[102] Nach § 12 S. 1 bis 3 BauGB sind die Genehmigung des Bebauungsplans (§ 11 Abs. 2) und die Durchführung des Anzeigeverfahrens (§ 11 Abs. 3) ortsüblich bekanntzumachen. Über den Inhalt ist auf Verlangen Auskunft zu erteilen. In der Bekanntmachung ist darauf hinzuweisen, wo der Bebauungsplan eingesehen werden kann.

Die Zielsetzung des Unterrichtungsgebotes des § 12 BauGB besteht darin, dem Bürger durch einen praktikablen, einfachen und sicheren Verkündungsvorgang sicher zur Kenntnis zu bringen, was für ihn verbindlich werden soll.[103] So hat auch das Bundesverfassungsgericht[104] diese Art der Unterrichtung grundsätzlich für zulässig gehalten und zur Begründung darauf verwiesen, daß auf diese Weise der Öffentlichkeit die verläßliche Kenntnisnahme des geltenden Bebauungsplans ermöglicht und der Rechtsschutz der Bürger nicht verkürzt wird.

Auch der in bezug auf die Unterrichtung der Betroffenen angestrebte Interessenausgleich hat letztlich zum Ziel, jedem einzelnen durch einen praktikablen, einfachen und sicheren Unterrichtungsvorgang verläßlich von der Übermittlung seiner personenbezogenen Daten zu informieren und ihn in die Lage zu versetzen, von dem ihm zustehenden Auskunftsrecht Gebrauch zu machen. Insofern decken sich also die jeweils mit der Unterrichtung verfolgten Ziele. Daher kann die Unterrichtung der Betroffenen im Prinzip entsprechend

---

102 Andere gesetzlich normierte Benachrichtigungspflichten sind nicht auf einen größeren Adressatenkreis bezogen, so etwa § 204 ZPO, und kommen deshalb für eine Übertragung nicht in Betracht.
103 BIELENBERG, in: ERNST/ZINKAHN/BIELENBERG, Band 1, § 12 BauGB Rn. 1; s.a. BVerwGE 44, 244 (249 f.); DVBl. 1987, 489 (490); LÖHR, in: BATTIS/ KRAUTZBERGER/LÖHR, § 12 BBauG Rn. 3; z.T. noch zur früheren Fassung des § 12 BBauG.
104 Beschluß vom 22.11.1983, BVerfGE 65, 283 (290 ff.) = NVwZ 1984, 430 (431).

dem in § 12 S. 1 bis 3 BauGB geregelten zweistufigen Verfahren erfolgen. Eine Abweichung ergibt sich allerdings insofern, als eine Auskunft gemäß § 8 Abs. 1 SDSG nur auf Antrag zu erteilen ist und in bezug auf den konkreten Empfänger u.U. zu unterbleiben hat (§ 8 Abs. 3 Nr. 3 2. HS SDSG). Zudem hat die ortsübliche Bekanntmachung spätestens mit der Freigabe des Katasters zu erfolgen, um dem einzelnen die Möglichkeit zu eröffnen, ggf. eine Übermittlung zu verhindern. Dies folgt aus Art. 19 Abs. 4 GG, der jedem Bürger einen Anspruch auf effektiven Rechtsschutz gewährt. Ein solcher ist hier jedoch nur dann möglich, wenn der Betroffene vor der Übermittlung die Möglichkeit hat, diese durch ein Gericht überprüfen und ggf. untersagen zu lassen. Die Unterrichtung der Betroffenen ist daher wie folgt durchzuführen:

Die Betroffenen sind vor der Freigabe des Katasters zur Einsichtnahme durch ortsübliche Bekanntmachung von der Übermittlung ihrer Daten zu informieren. Einzelheiten müssen nicht mitgeteilt werden. Es reicht vielmehr aus, die Information so zu gestalten, daß der Betroffene seine Betroffenheit erkennt und in die Lage versetzt wird, sein Auskunftsrecht gegenüber dem Stadtverband geltend zu machen. Daher ist auf das Auskunftsrecht und die Modalitäten, insbesondere die für die Auskunfserteilung zuständige Stelle, hinzuweisen. Sofern der Betroffene in der soeben dargelegten Weise von seinem Auskunftsrecht in Kenntnis gesetzt worden ist, reicht es aus, ihm hinsichtlich der Einzelheiten gemäß § 8 Abs. 1 SDSG auf Antrag Auskunft zu erteilen.

Eine Auskunft über den konkreten Empfänger hat aber dann zu unterbleiben, wenn dieser ein überwiegendes berechtigtes Interesse an der Geheimhaltung seiner Daten nachweist (§ 8 Abs. 3 Nr. 3 2. HS. SDSG).

2.3. Datenschutz außerhalb des Anwendungsbereichs des Saarländischen Datenschutzgesetzes

Wie bereits oben unter Punkt 2.2.1. dargelegt, schützt das Recht auf informationelle Selbstbestimmung generell vor staatlicher Erhebung und Verarbeitung personenbezogener Daten und ist nicht auf den jeweiligen Anwendungsbereich der Datenschutzgesetze des Bundes und der Länder oder auf datenschutzrelevante gesetzliche Sonderregelungen beschränkt. Im folgenden ist daher differenziert, nämlich einmal für die Kartenausschnitte, soweit sie die Verhältnisse von bestimmten oder bestimmbaren natürlichen Personen betreffen (unten 2.3.1.), und zum anderen für die Datensätze und Kartenausschnitte, soweit sie die Verhältnisse von Personen betreffen, die von den bisherigen Ausführungen noch nicht erfaßt wurden (unten 2.3.2.), jeweils zu prüfen, ob und ggf. inwieweit eine Einsichtnahme mit dem Recht auf informationelle Selbstbestimmung im Einklang steht.

Soweit die Datensätze und die damit verbundenen Kartenausschnitte hingegen keine Rückschlüsse auf Personen zulassen, mithin also keine personenbezogenen Daten darstellen, unterfallen sie nicht dem Schutzbereich des Rechts auf informationelle Selbstbestimmung und somit auch nicht den daraus resultierenden Anforderungen. Insoweit ist weiterhin die frühere höchstrichterliche Rechtsprechung maßgeblich, wonach jedermann staatliche Maßnahmen hinzunehmen hat, die im überwiegenden Allgemeininteresse und unter strikter Wahrung des Verhältnismäßigkeitsprinzips erfolgen, soweit sie nicht den unantastbaren Bereich privater Lebensgestaltung betreffen. Fehlen also Spezialgesetze über die Auskunftserteilung durch eine Behörde, steht die behördliche Auskunftserteilung (Einsichtsgewährung) demnach im allgemeinen im Ermessen der Verwaltung.[105] Hieraus folgt, daß eine Einsichtnahme in die Datensätze und Kartenausschnitte, die keine Rückschlüsse auf Personen zulassen, jedenfalls unter denselben Voraussetzungen und Rahmenbedingungen zulässig ist, die auch für personenbezogene Datensätze gelten (vgl. oben 2.2.3.1 bis 2.2.3.8).

2.3.1. Kartenausschnitte, soweit sie die Verhältnisse von bestimmten oder bestimmbaren natürlichen Personen betreffen

Die Kartenausschnitte stellen Lage, Umfang und Bebauung der kontaminationsverdächtigen Grundstücke dar. Sie enthalten insoweit Angaben über die sachlichen Verhältnisse. Weitere Angaben über die persönlichen und sachlichen Verhältnisse ergeben sich aus der neben der markierten Grundstücksfläche befindlichen Kennziffer. Diese Angaben kann der Einsichtnehmende mittels des ihm zur Verfügung gestellten Ziffernschlüssels auch entschlüsseln.

Soweit die Kartenausschnitte die Verhältnisse von bestimmten oder bestimmbaren natürlichen Personen betreffen, handelt es sich also um personenbezogene Daten (vgl. zum Begriff oben unter 2.1.2.). Daher unterliegt die Einsichtnahme allen Anforderungen, die sich aus dem Recht auf informationelle Selbstbestimmung ergeben. Dies folgt aus dem eingangs Gesagten.

---

105 Vgl. nur BVerfGE 27, 344 (351); BVerwGE 31, 301 (306); 35, 225 (226).

Das bedeutet insbesondere, daß die Einsichtnahme einer gesetzlichen Regelung im Sinne der Anforderungen des Rechts auf informationelle Selbstbestimmung (vgl. oben unter 2.2.1.) bedarf.

Wie bereits oben unter 2.1.1., festgestellt wurde, fallen die Kartenausschnitte nicht in den Anwendungsbereich des Saarländischen Datenschutzgesetzes, so daß insoweit nicht auf § 16 dieses Gesetzes abgestellt werden kann. Andere Vorschriften, die eine Einsichtnahme in die Kartensätze rechtfertigen könnten, sind nicht ersichtlich.

Auf die frühere höchstrichterliche Rechtsprechung, derzufolge eine behördliche Auskunftserteilung (Einsichtsgewährung), soweit sie nicht spezialgesetzlich geregelt ist, grundsätzlich im Ermessen der Behörde steht (vgl. oben 2.3), kann nach dem Volkszählungsurteil des Bundesverfassungsgerichts aber nicht mehr abgestellt werden, wenn Daten dem Recht auf informationelle Selbstbestimmung unterliegen. Dies gilt also jedenfalls auch für jene Kartenausschnitte, die die Verhältnisse von bestimmten oder bestimmbaren natürlichen Personen betreffen.

Andererseits ist zu berücksichtigen, daß die Kartenausschnitte lediglich - partiell - das in bildhafter Form darstellen, was sich aus den Datensätzen für den Einsichtnehmenden ohnehin schon ergibt. Die Kartenausschnitte und die Datensätze enthalten insoweit dieselbe Information, nur eben in unterschiedlicher Darstellungsform.

In bezug auf den Informationsgehalt hat der saarländische Gesetzgeber, wie bereits festgestellt, eine die Einsichtnahme ermöglichende gesetzliche Grundlage geschaffen, nämlich den § 16 SDSG. Diese Norm gilt zwar nur für die in Dateien gespeicherten Informationen. Zu berücksichtigen ist aber, daß die in Dateien gespeicherten Daten in Anbetracht der Möglichkeiten der automatischen Datenverarbeitung einer besonderen Mißbrauchsgefahr unterliegen und daher in besonderem Maße des Schutzes bedürfen. Dieser Schutz soll durch die Datenschutzgesetze gewährleistet werden. Bei Kartenausschnitten ist die Mißbrauchsgefahr in einem erheblich geringerem Maße gegeben.

Hat der Gesetzgeber nun für den sensibelsten Bereich eine gesetzliche Regelung für die Übermittlung getroffen, so ist davon auszugehen, daß diese Regelung erst recht zu gelten hat, wenn eine Übermittlung denselben Informationsgehalt besitzt, sofern sie in einer weniger mißbrauchsanfälligen Form vorgenommen wird.

Eine solche Auslegung wird auch der Rechtsprechung des Bundesverfassungsgerichts zum Recht auf informationelle Selbstbestimmung gerecht. Wie das Gericht nämlich im Volkszählungsurteil[106] herausgestellt hat, dient das Recht auf informationelle Selbstbestimmung "der freien Entfaltung der Persönlichkeit", d.h. der "Entscheidungsfreiheit über vorzunehmende oder zu unterlassende Handlungen einschließlich der Möglichkeit, sich auch entsprechend dieser Entscheidung tatsächlich zu verhalten". Hierzu führt das Gericht aus, daß derjenige, der "nicht mit hinreichender Sicherheit überschauen kann, welche ihn betreffenden Informationen in bestimmten Bereichen seiner sozialen Umwelt bekannt sind, und wer das Wissen möglicher Kommunikationspartner nicht einigermaßen abzuschätzen vermag, wesentlich in seiner Freiheit gehemmt werden kann, aus eigener Selbstbestimmung zu planen oder zu entscheiden. Mit dem Recht auf informationelle Selbstbestimmung wären eine Gesellschaftsordnung und eine diese ermöglichende Rechtsordnung nicht vereinbar, in der Bürger nicht mehr wissen können, wer was wann und bei welcher Gelegenheit über sie weiß." Auch nach der Rechtsprechung des Bundesverfassungsgericht kommt es demnach vor allem auf die inhaltliche Gewährleistung des Rechts auf informationelle Selbstbestimmung und weniger darauf an, ob der Gesetzgeber für alle weniger sensiblen Darstellungsformen eine ausdrückliche gesetzliche Regelung getroffen hat.

Es ist somit festzustellen, daß § 16 SDSG die Grundlage für eine Übermittlung der Einsichtnahme in die Kartenausschnitte darstellt. Die Einsichtnahme in die Kartenausschnitte ist demnach unter denselben Bedingungen möglich wie die Einsichtnahme in die Datensätze. Daher gelten auch insoweit die zur Übermittlung der Datensätze gemachten Ausführungen, so daß an dieser Stelle auf die Punkte 2.2.3.1 bis 2.2.3.8 verwiesen werden kann. Hervorzuheben ist hier lediglich, daß bei der Einsichtnahme in die Kartenausschnitte darauf zu achten ist, daß bei diesen jeweils nur jene Grundstücke als kontaminationsverdächtig zu erkennen sind, für die der Einsichtnehmende (s)ein berechtigtes Interesse an der Einsichtnahme glaubhaft gemacht hat.

2.3.2. Datensätze und Kartenausschnitte, soweit sie die Verhältnisse von Personen betreffen, die von den bisherigen Ausführungen noch nicht erfaßt wurden

Für Datensätze und Kartenausschnitte, die die Verhältnisse von juristischen Personen bzw. von Personengemeinschaften (oHG, KG) und damit (die Ver-

---

106 BVerfGE 65, 1 (42 f.) = NJW 1984, 419 (422).

hältnisse) von Personen betreffen, die von den bisherigen Ausführungen noch nicht erfaßt wurden, ist fraglich, ob für diese das Recht auf informationelle Selbstbestimmung überhaupt anwendbar ist.

Die Frage, ob und inwieweit das Recht auf informationelle Selbstbestimmung auch auf juristische Personen und Personenvereinigungen anwendbar ist, ist in Rechtsprechung und Lehre noch nicht abschließend geklärt.

Das Bundesverfassungsgericht hat in seinen Entscheidungen zum FLICK-Untersuchungsausschuß[107] und zum Untersuchungsausschuß "NEUE HEIMAT"[108] einen Schutz unternehmensbezogener Daten aus Art. 2 Abs. 1 i.V.m. Art. 1 Abs. 1 und aus Art. 14 GG i.V.m. Art. 19 Abs. 3 GG bejaht und dabei jeweils auch auf seine Ausführungen im Volkszählungsurteil Bezug genommen. Dabei hat es unter Berufung auf die vorgenannten Grundrechte jeweils darauf verwiesen, daß diese insbesondere das Beweiserhebungsrecht einschränken können. Im einzelnen führt das Verfassungsgericht hierzu aus, daß "die Grundrechte aus Art. 2 Abs. 1 i.V.m. Art. 1 Abs. 1 und 14 GG, ggf. in Verbindung mit Art. 19 Abs. 3 GG, ihren Trägern Schutz gegen unbegrenzte Erhebung, Speicherung, Verwendung oder Weitergabe der auf sie bezogenen, individualisierten oder individualisierbaren Daten verbürgen."[109]
"Dieses Recht darf", so das Gericht weiter, "nur im überwiegenden Interesse der Allgemeinheit und unter Beachtung des Grundsatzes der Verhältnismäßigkeit durch Gesetz oder aufgrund eines Gesetzes eingeschränkt werden; die Einschränkung darf nicht weiter gehen, als es zum Schutze öffentlicher Interessen unerläßlich ist."[110]

Weitere, im vorliegenden Zusammenhang maßgebliche Ausführungen macht das Verfassungsgericht in seinen Entscheidungen zu den Untersuchungsausschüssen nicht.

Auch der Bundesgerichtshof wendet das allgemeine Persönlichkeitsrecht - zu dessen Schutzbereich auch das Recht auf informationelle Selbstbestimmung

---

107 BVerfGE 67, 100 (142 f.) = NJW 1984, 2271 (2275 f.).
108 BVerfGE 77, 1 (46 f., 53) = NJW 1988, 890 (892, 894).
109 BVerfGE 77, 1 (46) = NJW 1988, 890 (892), unter Bezugnahme auf BVerfGE 65, 1 (43) = NJW 1984, 419 (422), und BVerfGE 67, 100 (142 f.) = NJW 1984, 2271 (2275 f.).
110 BVerfGE 77, 1 (46 f., 53) = NJW 1988, 890 (892, 894), unter Bezugnahme auf BVerfGE 65, 1 (44) = NJW 1984, 419 (422), und BVerfGE 67, 100 (143) = NJW 1984, 2271 (2275 f.).

gehört -,[111] auf juristische Personen an, wenngleich er dies mit einer deutlich geringeren Schutzintensität als bei natürlichen Personen tut.[112] Zur Begründung verweist das Gericht darauf, daß die dem Persönlichkeitsrecht zugrundeliegenden Rechte gemäß Art. 19 Abs. 3 GG auf juristische Personen und andere Organisation anwendbar seien.[113] In der Lehre wird die Anwendbarkeit des allgemeinen Persönlichkeitsrechts (Recht auf informationelle Selbstbestimmung) auf juristische Personen und Personenvereinigungen zum Teil bejaht,[114] vielfach jedoch verneint[115]

Ausgangspunkt der Beantwortung der Frage, ob und inwieweit das Recht auf informationelle Selbstbestimmung auch juristischen Personen und Personenvereinigungen zusteht, ist Art. 19 Abs. 3 GG. Danach gelten Grundrechte auch für inländische juristische Personen (und Personenvereinigungen), soweit sie ihrem Wesen nach auf diese anwendbar sind. Wie bereits im einzelnen dargelegt, soll das Recht auf informationelle Selbstbestimmung die "freie Entfaltung der Persönlichkeit" gewährleisten (siehe im einzelnen oben unter 2.3.1.). Auch für die freie Entfaltung der unternehmerischen Persönlichkeit ist prinzipiell maßgeblich, daß der Unternehmer die Entscheidungsfreiheit über vorzunehmende oder zu unterlassende Handlungen einschließlich der Möglichkeit hat, entsprechend dieser Entscheidung zu verfahren. Auch ein Unternehmen kann nur dann aus eigener Selbstbestimmung planen und entscheiden, wenn es überblicken kann, welche es selbst betreffenden Informationen auf dem Wettbewerbsmarkt bekannt sind, und es auf dieser Grundlage das Wissen möglicher Konkurrenten zumindest ansatzweise einzuschätzen vermag. Letzteres gilt im Prinzip aber nur für Betriebs- und Geschäftsgeheimnisse (vgl. zum Begriff unter Punkt 3.), die für den Bestand und die Handlungsmöglichkeiten jedes Betriebes von besonderer Bedeutung sind. Betriebs- und Geschäftsgeheimnisse gehören zum wirtschaftlichen Bestand des Unternehmens und sind von daher gesondert, d.h. unabhängig von einem etwaigen Rechts auf informationelle Selbstbestimmung für Gewerbebetriebe, vom Schutzbereich des Art. 14 GG erfaßt.[116]

---

111 Vgl. nur JARASS, NJW 1989, 857 (858); ausdrücklich BVerfGE 65, 1 (43) = NJW 1984, 419 (421).
112 Vgl. nur BGHZE 98, 94 (97 f.) m.w.N. = NJW 1986, 2951 (2951 f.); weitere Nachweise bei JARASS, NJW 1989, 857 (860).
113 Vgl. nur BGHZE 81, 75 (78) = NJW 1981, 2402 (2402).
114 Vgl. nur BREUER, NVwZ 1986, 172 (172 f.) m.w.N.
115 Vgl. im einzelnen: JARASS, NJW 1989, 857 (860); DÜRIG, in: MAUNZ/DÜRIG/HERZOG/SCHOLZ, Art. 2 Abs. 1 Rn. 68, und VON MÜNCH, Art. 2 Rn. 9; VOGELGESANG, S. 109.
116 Vgl. in dem Zusammenhang nur VOGELGESANG, S. 108 und unten Punkt 5.1., jeweils m.w.N.

Im übrigen ist zu berücksichtigen, daß sich gerade Gewerbebetriebe bewußt und aus eigener Entschließung auf den Markt und damit in die Öffentlichkeit begeben. Damit unterwerfen sie sich freiwillig der Dynamik, den Eigengesetzen und den für das einzelne Unternehmen in der Regel nicht überschaubaren Kommunikationsprozessen des Marktes. Sie nehmen damit in Kauf, außerhalb des Bereichs der Betriebs- und Geschäftsgeheimnisse nicht oder zumindest nur in eingeschränktem Maße überblicken zu können, welche sie betreffenden Informationen bekannt sind. Das läßt es zumindest fraglich erscheinen, ob das Recht auf informationelle Selbstbestimmung seinem Wesen nach auch auf juristische Personen und Personenvereinigungen anwendbar ist. Diesen Zweifeln soll hier indes nicht weiter nachgegangen werden. Vielmehr wird im folgenden mit der Rechtsprechung davon ausgegangen, daß eine Einsichtnahme in die Datensätze und Kartenausschnitte, soweit sie juristische Personen und Personenvereinigungen betreffen, nur auf der Grundlage eines den Ausführungen des Verfassungsgerichts gerecht werdenden Gesetzes oder einer Rechtsverordnung gewährt werden darf.

Indes existiert keine unmittelbar anwendbare Rechtsvorschrift, die die Einsichtnahme in juristische Personen und Personenvereinigungen betreffende Datensätze und Kartenausschnitte regelt. Sofern der Gesetzgeber keine abweichende Regelung getroffen hat, ist demnach davon auszugehen, daß juristische Personen und Personenvereinigungen von der Einsichtnahme im Prinzip genauso betroffen werden wie natürliche Personen. Daher ist es geboten, juristische Personen und Personenvereinigungen in diesem Fall in der gleichen Weise zu behandeln wie natürliche Personen. Dieses Ergebnis vermag im Hinblick auf die bereits dargestellte gering(er)e Schutzbedürftigkeit der Gewerbebetriebe kaum zu befriedigen, folgt jedoch zwangsläufig aus dem Umstand, daß allein der Gesetzgeber die Kompetenz hat, im Wege eines der Rechtsprechung des Bundesverfassungsgerichts gerecht werdenden Gesetzes für juristische Personen und Personenvereinigungen geringere Anforderungen an eine Übermittlung festzulegen. Demzufolge ist § 16 SDSG auf juristische Personen und Personenvereinigungen jedenfalls analog anzuwenden. Eine Einsichtnahme ist insoweit unter denselben Voraussetzungen möglich wie bei natürlichen Personen. An dieser Stelle kann daher auf die Ausführungen zu den Punkten 2.2.3.1 bis 2.2.3.6 und 2.3.1 verwiesen werden. In bezug auf die Rechte des Betroffenen, die aus Art. 19 Abs. 4 GG abzuleiten sind (vgl. oben unter 2.2.3.7), ist zu berücksichtigen, daß dieses Grundrecht nach allgemeiner Auffassung juristischen Personen und Personenvereinigungen ebenso zusteht wie natürlichen Personen.[117] Daher gelten für juristische Personen

---

117 Vgl. nur BVerfGE 65, 76 (90); 67, 43 (58); JARASS/PIEROTH, Art. 19 GG, Rn. 29.

und Personenvereinigungen die unter Punkt 2.2.3.7 gemachten Ausführungen entsprechend.

Es ist somit festzuhalten, daß eine Einsichtnahme in Datensätze und Kartenausschnitte, soweit sie die Verhältnisse von Personen betreffen, die nicht unter den Anwendungsbereich des SDSG fallen, gemäß § 16 SDSG analog durchzuführen und datenschutzrechtlich so zu beurteilen ist wie die Einsichtnahme in Datensätze und Kartenausschnitte, die die Verhältnisse von natürlichen Personen zum Gegenstand haben.

3. Vereinbarkeit mit der Wahrung von Betriebs- und Geschäftsgeheimnissen

Die Einsichtnahme in das Altlastenkataster könnte mit Betriebs- und Geschäftsgeheimnissen der Betroffenen kollidieren. Auf diese ist das Saarländische Datenschutzgesetz nicht anwendbar, weil Betriebs- und Geschäftsgeheimnisse keine personenbezogenen Daten i.S.d. § 3 Abs. 1 SDSG sind. Solche müssen sich nämlich begriffs- und wesensnotwendig auf natürliche Personen beziehen (vgl. oben unter 2.1.2.2), während Betriebs- und Geschäftsgeheimnisse einem Unternehmen - gleichgültig in welcher Rechtsform - zuzurechnen sind. Betriebsgeheimnisse gehören zum technischen, Geschäftsgeheimnisse zum kaufmännischen Bereich des Unternehmens. Eine Abgrenzung zwischen ihnen kann im Einzelfall schwierig sein, wegen ihres gleichartigen rechtlichen Schutzes letztlich aber an dieser Stelle dahingestellt bleiben.[118]

Der Schutz von Betriebs- und Geschäftsgeheimnissen läßt sich aus umweltrechtlichen sowie allgemeinen verwaltungs- und prozeßrechtlichen Normen herleiten.[119] Umwelt- oder prozeßrechtliche Normen, aus denen sich vorliegend ein Geheimnisschutz ergeben könnte, sind nicht ersichtlich.

In bezug auf die zur Einsichtnahme vorgesehenen Kartenausschnitte und Datensätze kommt ein Schutz von Betriebs- und Geschäftsgeheimnissen allenfalls im Hinblick auf § 30 SVwVfG in Betracht. Nach dieser Vorschrift haben die Beteiligten (§ 13 SVwVfG) eines Verwaltungsverfahrens (§ 9 SVwVfG) Anspruch darauf, daß ihre Geheimnisse, insbesondere die zum persönlichen Lebensbereich gehörenden Geheimnisse, sowie die Betriebs- und Geschäftsgeheimnisse von einer Behörde (§ 1 Abs. 2 SVwVfG) nicht unbefugt offenbart werden.

§ 30 SVwVfG gewährleistet den Schutz des Betriebs- und Geschäftsgeheimnisses seinem Wortlaut nach also nur für die "Beteiligten" eines "Verwaltungsverfahrens".

---

118 Vgl. BREUER, NVwZ 1986, 171 (172); SCHRÖDER, UPR 1985, 394 (396); RICHLER, S. 2 f.
119 BREUER, NVwZ 1986, 171 (175).

Fraglich ist bereits, ob es sich bei der Gewährung der Einsichtnahme in die Kartenausschnitte und Datensätze um ein Verwaltungsverfahren im Sinne von § 9 SVwVfG handelt, an dem sich die betroffenen Grundstückseigentümer/Nutzungsberechtigten, die zugleich Unternehmensleiter/ Betriebsleiter sind, "beteiligen". Ein solches Verfahren ist nämlich, wie sich aus der Legaldefinition des § 9 SVwVfG ergibt, nur die nach außen wirkende Tätigkeit der Behörden, die auf die Prüfung der Voraussetzungen, die Vorbereitung und den Erlaß eines Verwaltungsaktes oder auf den Abschluß eines öffentlichrechtlichen Vertrages gerichtet ist. Die Gewährung der Einsichtnahme stellt sich indes zwar als nach außen wirkende Tätigkeit einer Behörde dar, da mit der Einsichtnahme berechtigte Interessen des Empfängers sowie schutzwürdige Belange des Betroffenen berührt werden (vgl. oben unter 2.2.3.1, 2.2.3.2). Sie zielt aber weder auf einen Verwaltungsakt noch auf den Abschluß eines öffentlich-rechtlichen Vertrages (vgl. die Definitionen des Verwaltungsaktes in § 35 SVwVfG und des öffentlich-rechtlichen Vertrages in § 54 S. 1 SVwVfG), sondern hat lediglich eine Schutz- und Warnfunktion (vgl. oben unter 2.2.3.3). Es handelt sich daher bei der Gewährung der Einsichtnahme um sogenanntes "schlichthoheitliches Handeln". § 30 SVwVfG kann also schon mangels Vorliegens eines Verwaltungsverfahrens i.S.d. § 9 SVwVfG nicht unmittelbar auf die Einsichtnahme angewendet werden.

Es ist jedoch anerkannt, daß § 30 SVwVfG als Ausdruck eines allgemeinen Rechtsgedankens auch außerhalb des durch die §§ 1, 2 und 9 SVwVfG bestimmten Anwendungsbereiches analog Geltung beanspruchen kann, so z.B. in Verfahren zum Erlaß von Verordnungen und Satzungen, aber auch bei in privatrechtlicher Form vorgenommenen Handlungen der Verwaltung zur Erfüllung öffentlicher Aufgaben.[120]

Der über das Verwaltungsverfahren hinausgehende analoge Anwendungsbereich des § 30 SVwVfG ergibt sich zum einen aus dem breiteren Anwendungsbereich der Strafvorschrift des § 203 StGB (vgl. auch §§ 204, 353b StGB) und der Verschwiegenheitspflicht von Beamten, Angestellten und Arbeitern im Öffentlichen Dienst (vgl. z.B. § 39 BRRG, § 9 Abs. 1 BAT), zum anderen auch daraus, daß Motiv für die Einführung des § 30 SVwVfG außer dem Schutz des Bürgers durch Gewährleistung eines ausdrücklichen Anspruchs auch die Festigung des Vertrauens zwischen Bürger und Verwaltung

---

120 Vgl. nur KOPP, § 30 Rn. 2 a.E.; STELKENS/BONK/LEONHARDT, § 30 Rn. 4. Diese Stimmen beziehen sich zwar auf § 30 VwVfG, die Ausführungen gelten aber ebenso für § 30 SVwVfG, da sich beide Vorschriften dem Wortlaut nach und auch inhaltlich decken.

war.[121] Hinzu kommt, daß nach der Regel des "a maiore ad minus" ein Geheimnisschutz nach § 30 SVwVfG, der nach seinem Wortlaut nur für Beteiligte eines Verwaltungsverfahrens gilt, erst recht für Beteiligte eines schlichthoheitlichen Handelns von Behörden gelten muß. Daher müssen auch Betriebs- und Geschäftsgeheimnisse nach dieser Vorschrift geschützt sein, die Grundstückseigentümer/-nutzer als Inhaber eines Gewerbebetriebes betreffen und die mit der Einsichtnahme in das Kataster an Dritte gelangen.

Ein Schutz gemäß § 30 SVwVfG analog setzt zunächst voraus, daß überhaupt ein Betriebs- und Geschäftsgeheimnis vorliegt.

Nach überwiegender Meinung ist als Betriebs- und Geschäftsgeheimnis jede Tatsache anzusehen, die
- im Zusammenhang mit einem wirtschaftlichen Geschäftsbetrieb steht,
- nur einem eng begrenzten Personenkreis bekannt, d.h. nicht offenkundig ist,
- nach dem ausdrücklich oder konkludent (stillschweigend) bekundeten Willen des Unternehmers geheimgehalten werden soll,

und
- den Gegenstand eines berechtigten wirtschaftlichen Geheimhaltungsinteresses des Unternehmers bildet.[122]

Diese von der Rechtsprechung geprägte und von der Lehre bislang nahezu einhellig rezipierte Definition knüpft an § 17 UWG an, der die unbefugte Offenbarung oder Verwertung eines Betriebs- und Geschäftsgeheimnisses durch einen Angestellten oder Dritte unter Strafe stellt.[123] Eine abweichende Definition des Geheimnisbegriffs wird neuerdings von SCHOENEMANN vertreten. Unter Berufung auf die Rechtsprechung zum Recht auf informationelle Selbstbestimmung bezeichnet dieser alle personenbezogenen Daten als "geheim", deren Offenbarung nicht gesetzlich erlaubt ist.[124] Eine Bestimmung des Inhalts von Betriebs- und Geschäftsgeheimnissen in einer Positivliste existiert nicht; lediglich § 12 Abs. 4 ChemG enthält einen Negativkatalog von Daten, die keine Betriebs- und Geschäftsgeheimnisse i.S.d. § 12 Abs. 3

---

121 STELKENS/BONK/LEONHARDT, § 30 Rn. 4.
122 Vgl. BREUER, NVwZ 1986, 171 (172); SCHRÖDER, UPR 1985, 394 (396); KOPP, § 30, Rn. 7; STELKENS/BONK/LEONHARDT, § 30, Rn. 6, GURLIT, S. 166; RICHLER, S. 2 f., jeweils m.w.N.
123 Vgl. nur GURLIT, S. 166; BREUER, NVwZ 1986, 171 (172), und SCHRÖDER, UPR 1985, 394 (396).
124 SCHOENEMANN, DVBl. 1988, 521 (523).

ChemG darstellen sollen, z.B. die physikalisch-chemischen Eigenschaften eines Stoffes (§ 12 Abs. 4 Nr. 2 i.V.m. § 7 Abs. 1 ChemG). Abgesehen von dieser Ausklammerung bestimmter Tatsachen aus dem Begriff des Betriebs- und Geschäftsgeheimnisses nach dem ChemG kann grundsätzlich nur einzelfallbezogen nach den o.g. Kriterien festgestellt werden, ob es sich um ein solches handelt. Ausnahmsweise kann auf eine einzelfallbezogene Prüfung verzichtet werden, wenn eine abstrakte Prüfung ergibt, daß im Hinblick auf die gespeicherten Daten in keinem Fall ein Betriebs- und Geschäftsgeheimnis i.S.d. oben genannten Definitionen vorliegt.

Geht man von der überwiegend vertretenen Definition aus, so ist hier zunächst festzustellen, daß ein Zusammenhang mit einem wirtschaftlichen Geschäftsbetrieb bestehen muß. In bezug auf jene Grundstücke, auf denen sich kein wirtschaftlicher Geschäftsbetrieb befindet, scheidet die Annahme eines Betriebs- und Geschäftsgeheimnisses deshalb von vornherein aus.

Da Tatsachen offenkundig werden, wenn von ihnen auf normalem Wege, d.h. ohne große Schwierigkeiten und Opfer des Interessenten, Kenntnis genommen werden kann,[125] kommt vorliegend die Annahme eines Betriebs- und Geschäftsgeheimnisses nur in bezug auf wenige der gespeicherten Daten, wie z.B. die GAUSS-KRÜGER-Werte, die Angaben über besondere Vorkommnisse und die Angaben zu den hydrologischen Verhältnissen in Betracht. Abschließend kann hinsichtlich des Merkmals der Offenkundigkeit letztlich aber nur im konkreten Einzelfall entschieden werden.

Für die weitere Prüfung wird von einer ausdrücklichen oder konkludenten Bekundung des Geheimhaltungswillens durch den Unternehmer ausgegangen.

Zweifelhaft ist, ob die Daten, die die vorgenannten Voraussetzungen erfüllen, den Gegenstand eines berechtigten wirtschaftlichen Geheimhaltungsinteresses des Gewerbebetriebes bilden. Maßgebend ist insoweit also die objektive Interessenlage auf der Unternehmerseite. Ein solches wird nämlich nur dann anerkannt, wenn die geheimhaltungsbedürftige Tatsache für die Wettbewerbsfähigkeit des Unternehmens von Bedeutung ist.[126]

---

125 GURLIT, S. 166.
126 Vgl. nur BREUER, NVwZ 1986, 171 (172 f.); RICHLER, S. 3, jeweils m.w.N.

Zur Verdeutlichung wird in dem Zusammenhang auch vom "Know-how" für die Wettbewerbsfähigkeit des Unternehmens gesprochen.[127] Es wäre allenfalls dann vorstellbar, daß die in den Kartenausschnitten und Datensätzen enthaltenen Angaben von Bedeutung für die Wettbewerbsfähigkeit des Unternehmens sind, wenn aus ihnen Rückschlüsse auf bestimmte Produktionsverfahren oder andere von dem Unternehmen geheimgehaltene Tatsachen gezogen werden könnten. Indes enthält das Kataster Produktionsdaten, die über den Informationsgehalt allgemein zugänglicher Quellen (Adreßbücher, Branchentelefonbücher, Werbebroschüren etc.) hinausgehen, ebensowenig wie Daten zu Boden- oder Grundwasseranalysen. Aus den zur Einsichtnahme zur Verfügung stehenden Angaben lassen sich - zum Teil - allenfalls die Eigentumsverhältnisse an dem Grundstück oder an dem Unternehmen ableiten. Dies reicht für die Annahme einer Bedeutung für die Wettbewerbsfähigkeit des Unternehmens nicht aus.

Da die Kartenausschnitte und Datensätze demnach auch keine Angaben aufweisen, aus denen ein berechtigtes wirtschaftliches Interesse des Unternehmens an der Geheimhaltung abgeleitet werden kann, ist festzustellen, daß das Kataster keine Betriebs- und Geschäftsgeheimnisse enthält. § 30 SVwVfG analog steht einer Einsichtnahme in das Kataster also nicht entgegen.
Auf die weiteren Voraussetzungen der Norm braucht hier daher nicht mehr eingegangen zu werden.

Zu dem soeben festgestellten Ergebnis gelangt man auch dann, wenn man der Auffassung SCHOENEMANNs folgt und alle personenbezogenen Daten als geheim ansieht, deren Offenbarung nicht gesetzlich erlaubt ist. Das ergibt sich aus dem Umstand, daß die Einsichtnahme in das Altlastenkataster gemäß § 16 SDSG, sei es in unmittelbarer oder analoger Anwendung, zulässig ist.

---

127 GURLIT, S. 167, m.w.N.

4. Vereinbarkeit mit Art. 12 Abs. 1 GG

Eine Einsichtnahme in das Altlastenkataster könnte weiterhin mit Art. 12 Abs. 1 GG kollidieren. Nach Satz 1 dieser Vorschrift haben alle Deutschen das Recht, Beruf, Arbeitsplatz und Ausbildungsstätte frei zu wählen. Dieses Grundrecht der Berufsfreiheit sichert "die Freiheit des Bürgers, jede Tätigkeit, für die er sich geeignet glaubt, als Beruf zu ergreifen, d.h. zur Grundlage seiner Lebensführung zu machen" und ist "in erster Linie personenbezogen".[128] Trotz des personalen Ansatzpunktes ist das Grundrecht auch für die Wirtschaftsordnung von erheblicher Bedeutung. Art. 12 Abs. 1 GG schützt nämlich insbesondere auch die Freiheit von juristischen Personen und Personenvereinigungen, eine Erwerbszwecken dienende Tätigkeit zu betreiben, soweit diese Tätigkeit ihrem Wesen und ihrer Art nach in gleicher Weise von einer natürlichen Person ausgeübt werden kann.[129]

Der Schutzbereich des Art. 12 Abs. 1 GG kann insbesondere dadurch beeinträchtigt werden, daß staatliches Verhalten zu einer Wettbewerbsbeeinträchtigung führt.[130]

Der Schutzbereich des Grundrechts kann aber auch durch eine Information der Öffentlichkeit verletzt werden, sofern sie eine berufsregelnde Tendenz besitzt.[131] Die dogmatischen Weichen sind insoweit durch das Transparenzlisten-Urteil des Bundesverwaltungsgerichts[132] gestellt worden. In dieser Entscheidung hatte das Gericht über die Zulässigkeit der behördlichen Veröffentlichung von Listen zu befinden, die durch Preis-/Wirksamkeits-Vergleiche zwischen Arzneimitteln und Vergabe sogenannter "Qualitätssicherungskennzeichen" verschreibenden Ärzten die Möglichkeit zur Auswahl der bei gleicher Wirkung jeweils kostengünstigsten Medikamente schaffen

---

128 BVerfGE 30, 292 (334); siehe auch JARASS/PIEROTH, Art. 12 Rn. 2, m.w.N.
129 BVerfGE 74, 129 (148) m.w.N.; GUBELT, in: VON MÜNCH, Art. 12, Rn. 6; JARASS/PIEROTH, Art. 12, Rn. 10 m.w.N.
130 Vgl. nur BVerfGE 46, 120 (137 f.); JARASS/PIEROTH, Art. 12, Rn. 14 m.w.N.; LÜBBE-WOLF, NJW 1987, 2705 (2711); GURLIT, S. 125.
131 Vgl. BVerfGE 71, 183 (191), und JARASS/PIEROTH, Art. 12, Rn. 13.
132 BVerwGE 71, 183 (189 ff.).

und damit letztlich kostensenkend wirken sollten. Im Gegensatz zur Vorinstanz sah das Bundesverwaltungsgericht in der Veröffentlichung der Transparenzlisten eine "grundrechtsspezifische Maßnahme", die gerade auf einen nachteiligen Effekt für den Unternehmer abziele und daher gemäß Art. 12 Abs. 1 Satz 2 GG einer gesetzlichen Ermächtigungsgrundlage bedürfe.[133] Das Urteil ist in der Lehre zu Recht auf Kritik gestoßen.[134] So wird geäußert, daß die Annahme eines Grundrechtseingriffs ausscheide, wenn die Information zutreffend, neutral und sachkundig sei.[135] Soweit die sachliche Richtigkeit der Information komplexitätshalber oder aus anderen Gründen entweder überhaupt nicht abschließend nachweisbar oder jedenfalls nicht von vornherein garantierbar sei, soll es zudem genügen, daß die Information auf Untersuchungen oder Ermittlungen beruht, die sachkundig und mit dem Bemühen um die nach den gegebenen Umständen erreichbare Objektivität durchgeführt sind.[136]

Wie bereits festgestellt, ist die Einsichtnahme in die Datensätze und Kartenausschnitte, unabhängig davon, wessen Verhältnisse hiervon betroffen werden, gemäß § 16 SDSG (ggf. analog) zulässig (vgl. oben unter 2.2. und 2.3.). Durch die Einsichtnahme wird die Wettbewerbsfähigkeit des Unternehmens nicht berührt (vgl. oben unter 3.). Es ist zudem auch davon auszugehen, daß die gespeicherten Angaben auf Untersuchungen bzw. Ermittlungen beruhen, die vom Stadtverband sachkundig und mit dem Bemühen um die nach den gegebenen Umständen maximal erreichbare Objektivität durchgeführt worden sind.

Da die verschiedenen Auffassungen vorliegend zu demselben Ergebnis führen, braucht den Bedenken gegen den Ansatz des Bundesverwaltungsgerichts hier somit nicht weiter nachgegangen zu werden. Festzuhalten ist jedenfalls, daß mit der Einsichtnahme in das Altlastenkataster nicht unzulässig in die Berufsfreiheit eingegriffen wird.

---

133 BVerwGE 71, 183 (194 ff.).
134 Vgl. LÜBBE-WOLFF, NJW 1987, 2705 (2711); JARASS/PIEROTH, Art. 12, Rn. 13.
135 LÜBBE-WOLFF, NJW 1987, 2705 (2711); JARASS/PIEROTH, Art. 12, Rn. 13.
136 LÜBBE-WOLFF, NJW 1987, 2705 (2711).

5. Vereinbarkeit mit Art. 14 GG

Wie bereits oben unter 2.2.3.2 festgestellt wurde, kann die Einsichtnahme in das Altlastenkataster einen Wertverlust des Grundstücks selbst bzw. eines auf diesem befindlichen Gewerbebetriebes bis hin zum völligen Wertverfall zur Folge haben. Die Einsichtnahme könnte daher mit dem Eigentum an Grund und Boden bzw. u.U. auch am eingerichteten und ausgeübten Gewerbebetrieb und damit mit Art. 14 GG kollidieren.

Als Schutznorm, die das Eigentum gegenüber staatlichen Eingriffen sichert, kommt Art. 14 GG herausragende Bedeutung zu. Das Eigentum ist danach gewährleistet. Sein Inhalt und seine Schranken werden durch Gesetze bestimmt (Art. 14 Abs. 1 GG). Art. 14 Abs. 2 GG regelt die Sozialpflichtigkeit des Eigentums, während Art. 14 Abs. 3 GG die Voraussetzungen, unter denen eine Enteignung zulässig ist, enthält.

Im folgenden soll zunächst untersucht werden, welche und wessen Rechte Art. 14 GG als Verfassungsnorm schützt, um sodann klären zu können, ob nur Grundstückseigentümer oder auch die Inhaber von Gewerbebetrieben, nur Eigentümer überhaupt oder auch bloße Nutzungsberechtigte eines Grundstücks den Schutz des Art. 14 GG genießen (unten 5.1.). Anschließend ist dann zu prüfen, ob durch die Einsichtnahme in das Altlastenkataster in den Schutzbereich des Grundrechts eingegriffen wird und, soweit dies der Fall ist, welche Folgen sich hieraus gegebenenfalls ergeben können. Hierbei ist zu unterscheiden zwischen solchen Eingriffen, die das Eigentum am Grundstück selbst betreffen (z.B. Verfall des Bodenwertes) (unten 5.2.), und solchen, die einen Gewerbebetrieb zum Gegenstand haben (z.B. Wertverfall/Umsatzrückgang) (unten 5.3.).

5.1. Schutzfähige Positionen und Träger des Grundrechts

Durch Art. 14 GG wird das Privateigentum an Grund und Boden mit allen daraus abgeleiteten Rechten geschützt.[137] Nicht so eindeutig ist die Situation beim Recht am eingerichteten und ausgeübten Gewerbebetrieb.

---

137 Vgl. PAPIER, in: M/D/H/S, Art. 14, Rn. 57; BRYDE, in: VON MÜNCH, Art. 14, Rn. 14.

Nach der bis vor einiger Zeit vorherrschenden Auffassung, die auch heute noch von einem Teil der Rechtsprechung und Lehre vertreten wird[138] schützt Art. 14 GG auch den eingerichteten und ausgeübten Gewerbebetrieb.

Dieser Auffassung wurde zunehmend widersprochen[139]

Das Bundesverfassungsgericht führt in seiner Entscheidung vom 15.7.1981[140] aus, daß der Schutz des Gewerbebetriebes jedenfalls nicht weiter reichen könne als der seiner wirtschaftlichen Grundlagen. Wie weit dieser Schutz im einzelnen gehen kann, wird an gegebener Stelle zu erörtern sein.

Träger des Eigentumsrechts sind alle natürlichen und inländischen juristischen Personen des Privatrechts (vgl. Art. 14 i.V.m. Art. 19 Abs. 3 GG).[141] Neben dem Eigentum im bürgerlich-rechtlichen Sinne (vgl. § 903 BGB) sind auch obligatorische Rechte und sonstige dingliche Rechte dem Schutz des Art. 14 GG zu unterstellen. So fallen das Miet- und Pachtrecht ebenfalls unter den Schutz dieser Verfassungsnorm.[142] Danach sind ebenso die Eigentümer der betroffenen Grundstücke und von inländischen privaten Gewerbebetrieben und Unternehmungen (letztere jedenfalls soweit deren juristische Grundlagen betroffen sind) vom Schutz des Art. 14 GG umfaßt wie die bloßen Nutzungsberechtigten, unabhängig davon, ob als Besitzer oder vertraglich Berechtigte, wenn ihre Rechtsposition der eines Eigentümers entspricht. Im einzelnen reicht der Schutz unterschiedlich weit, weil es sich um - denkbarerweise sehr erheblich - divergierende Eigentumsgegenstände handelt.

Nachdem somit feststeht, welche Positionen von Art. 14 GG geschützt werden und wer Träger des Grundrechts ist, ist nunmehr der Frage nachzugehen, ob durch eventuelle aus der Einsichtnahme resultierende Beeinträchtigungen in den Schutzbereich des Grundrechts eingegriffen wird und, soweit dies der Fall ist, welche Folgen sich hieraus ergeben können.

---

138 Vgl. BGHZE 92, 34 (37); PAPIER, in: M/D/H/S, Art. 14, Rn. 96, 98 f.; JARASS/ PIEROTH, Art. 14, Rn. 7, jeweils m.w.N.
139 Vgl. dazu namentlich BVerfGE 51, 193 (221); BGHZE 94, 373 (378); BRYDE, in: VON MÜNCH, Art. 14, Rn. 18 ff., m.w.N.
140 BVerfGE 58, 300 (353).
141 BRYDE, in: VON MÜNCH, Art. 14, Rn. 6; PAPIER, in: M/D/H/S, Art. 14, Rn. 192 ff.; JARASS/PIEROTH, Art. 14, Rn. 16.
142 So ohne weiteres PAPIER, in: M/D/H/S, Art. 14, Rn. 190 f. BRYDE, in: VON MÜNCH, Art. 14, Rn. 26, will dies im Anschluß an das BVerfG nur für den Fall annehmen, daß die öffentlich-rechtliche Position des Betroffenen mit derjenigen des Eigentümers vergleichbar ist, d.h. sie müsse so stark sein, daß ihre ersatzlose Entziehung dem rechtsstaatlichen Gehalt des Grundgesetzes widersprechen würde (vgl. dazu auch BVerfGE 16, 94 (111 f.); 4, 219 (240 ff.).

5.2. Beeinträchtigungen des Eigentums an Grund und Boden

Es ist eingangs bereits darauf hingewiesen worden, daß der bedeutendste Anwendungsbereich der Eigentumsgarantie des Art. 14 GG im Grundeigentum liegt[143] Von daher ist zu untersuchen, inwiefern durch die Verwertung von Kartierergebnissen eintretende Folgen für den Wert eines Grundstückes sich als im Rahmen der Sozialpflicht entschädigungslos hinzunehmende oder als entschädigungspflichtige Vorgänge darstellen.

Der wohl wichtigtste Fall ist der des Wertverfalls eines Grundstücks durch Bekanntwerden der Kartierergebnisse.

Einleitend ist klarzustellen, daß Art. 14 GG grundsätzlich nur vermögenswerte Rechte, nicht aber das Vermögen als solches schützt.[144] Für ein Grundstück hat das prinzipiell zur Folge, daß auch hier nur der Bestand des Eigentums/ vermögenswerten Rechts, nicht aber dessen Tauschwert garantiert wird.[145] Dennoch können Wertverluste zumindest Indizien für eine Rechtsbeeinträchtigung sein, so daß der Tauschwert nicht völlig bedeutungslos für die Eigentumsgarantie ist. Andererseits schützt Art. 14 GG nicht nur vor gezielten hoheitlichen Einwirkungen, sondern denkbarerweise auch vor bloß faktischen Beeinträchtigungen[146]

Im einzelnen bedarf es namentlich im Hinblick auf den letztgenannten Punkt vielfältiger Differenzierungen, auf die es für die Beantwortung der hier anstehenden Fragen nicht ankommt und auf die deshalb nicht weiter eingegangen wird.[147]

Solche faktischen Beeinträchtigungen können beispielsweise Folgen sogenannten schlichthoheitlichen Handelns oder nichtbeabsichtigte Nebenfolgen von gegen den Eigentümer oder Dritte gerichteten Regelungen sein.[148] Strit-

---

143 Vgl. statt vieler: BRYDE, in: VON MÜNCH, Art. 14, Rn. 14.
144 BRYDE, in: VON MÜNCH, Art. 14 Rn. 23; PAPIER, in: M/D/H/S, Art. 14 Rn. 150; JARASS/PIEROTH, Art. 14 Rn. 6, 11.
145 Vgl. BRYDE, in: VON MÜNCH, Art. 14 Rn. 24; PAPIER, in: M/D/H/S, Art. 14 Rn. 155.
146 BRYDE, in: VON MÜNCH, Art. 14 Rn. 39; PAPIER, in: M/D/H/S, Art. 14 Rn. 29; JARASS/PIROTH, Art. 14 Rn. 23.
147 Dazu bis heute grundlegend RAMSAUER, Die faktischen Beeinträchtigungen des Eigentums, 1980, und schon früher GALLWAS, Faktische Beeinträchtigungen im Bereich der Grundrechte, 1970.
148 BRYDE, in: VON MÜNCH, a.a.O.

tig ist aber auch hier, ob reine Vermögensschäden ohne Beeinträchtigung der Eigentumsnutzung für eine Entschädigung ausreichen können[149]

Die bisherigen Darlegungen haben gezeigt, daß bei Beachtung bestimmter Kautelen, deren Ursprung namentlich im Datenschutz liegt, eine rechtmäßige Verwertung der Kartierergebnisse möglich ist. Denkbare Wertverluste sind deshalb als (Neben-)Folgen eines rechtmäßigen schlichthoheitlichen Handelns (der Kartierung und der Verwertung ihrer Ergebnisse) anzusehen. Allerdings sollen auch die (Neben-)Folgen eines rechtmäßigen schlichthoheitlichen Handelns unter dem Gesichtspunkt der Enteignung bzw. des enteignungsgleichen Eingriffs/der Aufopferung einen Entschädigungsanspruch begründen können.[150]

Unter einer Enteignung ist der, ganz oder teilweise erfolgende, Entzug von durch Art. 14 Abs. 1 S. 1 GG gewährleisteten Eigentumspositionen zu verstehen, wobei, entsprechend der Systematik des Art. 14 Abs. 3 GG, zwischen der "einem bestimmten oder bestimmbaren Personenkreis konkrete Eigentumsrechte entziehenden (Legalenteignung) und der Ermächtigung (der Legislative an die Exekutive), konkretes Eigentum einzelner zu entziehen (Administrativenteignung)", zu unterscheiden ist.[151] Auf der Grundlage dieser Unterscheidung und angelehnt an die Auffassung des Bundesverfassungsgerichts können Wertverluste, die sich als Folge der Einsichtnahme in das Altlastenkataster ergeben, jedenfalls nicht eine Enteignung im Sinne der Art. 14 Abs. 3 GG sein, da es insoweit an einer gezielten hoheitlichen Einwirkung ebenso fehlt wie an einem durch Gesetz oder aufgrund eines Gesetzes erfolgenden Entzug von Eigentumspositionen.

Indes scheitert eine Entschädigung auch aus anderen Gründen. Eine Entschädigung soll in Fallkonstellationen wie solchen, um die es hier geht, nämlich nur für Sonderopfer an vermögenswerten Rechten gewährt werden müssen, die als unmittelbare Nebenfolge rechtmäßigen hoheitlichen Verhaltens entstanden sind[152] Unter "Unmittelbarkeit" ist dabei die wertende Zurechnung von Schadensfolgen respektive die Abgrenzung von Verantwortungsbereichen zu verstehen. Die Frage der "Unmittelbarkeit stellt sich somit (letztlich) als Problem wertender Umgrenzung von Verantwortungsbereichen und Zu-

---

149 BRYDE, in: VON MÜNCH, a.a.O.
150 Vgl. nur PALANDT-BASSENGE, Überbl. v. § 903, Anm. 2; OSSENBÜHL, S. 133 ff.
151 BVerfGE 58, 137 (144 f.); 58, 300, 320 (330 f.); BRYDE, in: VON MÜNCH, Art. 14, Rn. 52; OSSENBÜHL, S. 112 ff.
152 BGHZ, NJW 1980, 770 (770); BRYDE, in: VON MÜNCH, Art 14, Rn. 99; PALANDT-BASSENGE, Überbl. v. § 903, Anm. 2 D)a); OSSENBÜHL, S. 156 f.

rechnungszusammenhängen" dar.[153] Bei der Bestimmung der Grenze zwischen dem Verantwortungsbereich des Staates für schädigende Folgen seines Handelns und dem vom Betroffenen selbst zu tragenden Risiko ist danach insbesondere auf die "Eigenart der hoheitlichen Maßnahmen" und darauf abzustellen, ob sich die negativen Effekte als Folge der Realisierung einer "typischen Gefahr" einstellen. Bei der Realisierung einer "atypischen Gefahr" kommt ein Anspruch aus enteignendem Eingriff nicht in Betracht. Die genannten Kriterien sind im Zusammenhang mit dem jeweils betroffenen und geschützten Rechtsgut zu sehen.[154] Ein Wertverlust eines Grundstücks kann sich im vorliegenden Zusammenhang typischerweise nur als Folge einer Übermittlung gemäß § 16 Abs.1 2. Alt. SDSG ergeben. Nur unter den dort genannten Voraussetzungen darf Einsicht in das Altlastenkataster gewährt werden. Hierbei ist maßgeblich zu berücksichtigen, daß die Übermittlung nach § 16 Abs. 1 2. Alt. SDSG nur dann möglich ist, wenn das berechtigte Interesse des Empfängers an der Einsichtnahme die berührten schutzwürdigen Belange des Betroffenen überwiegt. Eine Einsichtnahme in das Altlastenkataster liegt, wie unter 2.2.3.3 festgestellt wurde, darüberhinaus gerade auch im öffentlichen Interesse. Ein mit der berechtigten Einsichtnahme einhergehender Wertverfall eines Grundstücks ist in Anbetracht dieser Umstände daher dem Risikobereich des betroffenen Grundstückeigentümers zuzurechnen. Ein Anspruch aus enteignendem Anspruch kommt insoweit also auch dann nicht in Betracht, wenn man der Auffassung namentlich OSSENBÜHLS folgt und den Schutzbereich des Art. 14 GG überhaupt als tangiert ansieht.

Dieses Ergebnis ist auch sachgerecht. Der Wertverfall wird nämlich letztlich nicht durch die Einsichtnahme in das Altlastenkataster, sondern durch die Situation des Grundstückes selbst ausgelöst, die durch Einsichtnahme in das Kataster lediglich offenbar wird.

Soweit ein Wertverlust nicht aus einer Übermittlung gemäß § 16 Abs. 1 2. Alt. SDSG resultiert, sondern durch eine unberechtigte Verbreitung der Daten und eine Kenntnisnahme von Personen, die kein berechtigtes Interesse an der Kenntnisnahme der Angaben haben, kommt ein Anspruch aus enteignendem Eingriff gleichfalls nicht in Betracht. Eine Kenntnisnahme kann insoweit nämlich nur durch einen Verstoß gegen das in § 16 Abs. 6 SDSG festgelegte Zweckbindungspostulat erfolgen. Ein hieraus resultierender Wertverfall stellt sich somit als Verwirklichung einer atypischen Gefahr dar und fällt nicht in den Verantwortungsbereich des Stadtverbandes.

---
153 OSSENBÜHL, S. 156, m.w.N.
154 OSSENBÜHL, S. 157, m.w.N.

Eine Entschädigung der Wertverluste des Eigentümers an Grund und Boden scheidet daher in jedem Fall aus.

5.3. Beeinträchtigungen des Rechts am eingerichteten und ausgeübten Gewerbebetrieb

Es ist auch denkbar, daß durch die Verwertung der durch die Einsichtnahme erlangten Daten im Einzelfall Rechte am eingerichteten und ausgeübten Gewerbebetrieb betroffen werden können. So kann das Bekanntwerden der Informationen zu Problemen für einen Gewerbebetrieb, dessen Grundstück mit Schadstoffen belastet ist, führen, die sich in einem Kunden- und damit Umsatzrückgang oder auch in einem Wertverlust ausdrücken können.

Dazu ist zunächst festzuhalten, daß - wie schon dargelegt - nach der Rechtsprechung des Bundesverfassungsgerichs und des Bundesgerichtshofs[155] der Schutz des Gewerbebetriebs nicht weiter reichen kann als der seiner wirtschaftlichen Grundlagen. Rechtlich geschützt sind deshalb nur solche Vorteile, auf deren Fortbestand der Inhaber vertrauen kann.[156] Das bedeutet, daß nicht rechtlich gesicherte Ausstrahlungen des Betriebes wie z.B. sein Kundenstamm oder bestimmte Lagevorteile nicht von Art. 14 GG geschützt werden.[157]

Dies hat für ein von nachteiligen Informationen betroffenes Unternehmen zur Folge, daß die Abwanderung von Kunden oder ein Umsatzrückgang jedenfalls nicht vom Schutzbereich des Art. 14 GG umfaßt würden, denn ein bestimmter Umsatz ist kein Vorteil, auf den der Betriebsinhaber dauerhaft vertrauen kann.

Ein Wertverfall der wirtschaftlichen Grundlagen eines Betriebes würde demgegenüber grundsätzlich in den Schutzbereich des Art. 14 GG fallen. Jedoch gilt insofern das unter 5.2. Ausgeführte entsprechend.

Im Ergebnis entstehen also auch in diesem Fall zugunsten des Gewerbebetriebes keine Entschädigungsansprüche.

---

155 Vgl. BVerfGE 58, 300 (353); so auch BRYDE, in: VON MÜNCH, Art. 14 Rn. 18 bis 20; JARASS/PIEROTH, Art. 14 Rn. 7; BGHZE 94, 373 (378), m.w.N.
156 BRYDE, in: VON MÜNCH, Art. 14 Rn. 20 m.w.N.; vgl. auch JARASS/PIEROTH, Art. 14, Rn. 7, 17.
157 BRYDE, in: VON MÜNCH, a.a.O.; JARASS/PIEROTH, Art. 14 Rn. 17.

6. Zusammenfassung der Ergebnisse

1. Die in den Kartenausschnitten und den dazugehörigen Datensätzen gespeicherten Informationen sind Einzelangaben über persönliche und sachliche Verhältnisse. Hinsichtlich der verschiedenen Einzelangaben bedarf es keiner abschließenden Qualifizierung. Sofern die Informationen bestimmte oder bestimmbare natürliche Personen betreffen, wird die Einsichtnahme in die Datensätze vom Anwendungsbereich des Saarländischen Datenschutzgesetzes erfaßt. Entsprechendes gilt für Datensätze, die Personengemeinschaften betreffen, sofern damit zugleich etwas über die Verhältnisse von deren einzelnen Mitgliedern ausgesagt wird.

2. Bestimmungen, die den Vorschriften des Saarländischen Datenschutzgesetzes vorgehen könnten, sind nicht ersichtlich. Es bleibt also prinzipiell bei der Geltung dieser Regelungen.

3. § 16 SDSG ist verfassungskonform. Die Vorschrift liegt insbesondere im überwiegenden Allgemeininteresse; sie entspricht dem Verhältnismäßigkeitsgrundsatz sowie den Anforderungen des Bestimmtheitsgebotes, wie sie das Bundesverfassungsgericht namentlich im Volkszählungsurteil ausgeformt hat.

4. Für die Gewährung der Einsichtnahme in das Altlastenkataster ist das Vorliegen eines berechtigten Interesses zu verlangen; ein - weitergehendes - rechtliches Interesse ist nicht erforderlich. Ein berechtigtes Interesse ist immer dann gegeben, wenn es aus sachgerechten Erwägungen gespeist wird und die vorgesehene Datenverwendung und der damit verfolgte Zweck im Einklang mit der Rechtsordnung stehen. Ein derartiges Interesse liegt etwa dann vor, wenn der Empfänger ein wirtschaftliches, soziales oder auch ideelles Interesse an der Einsichtnahme hat.

5. Jedenfalls das Interesse des Eigentümers/Nutzers eines Grundstücks, daß Daten, die das Grundstück betreffen, nicht jedermann zugänglich gemacht werden, zählt zu den schutzwürdigen Belangen des Betroffenen. Eine Übermittlung solcher Daten berührt demnach schutzwürdige Belange, wenn

- sie aus objektiver Sicht unter Zugrundelegung durchschnittlicher Verhältnisse zu Nachteilen für den Betroffenen führen kann,
- auf Grund besonderer Umstände dem Betroffenen Nachteile entstehen können
- oder wenn der Betroffene der Übermittlung generell oder im konkreten Fall widersprochen hat.

Im vorliegenden Fall sind insbesondere wirtschaftliche Nachteile für die Grundstückseigentümer/Nutzungsberechtigten nicht von vornherein zu verneinen.

6. Eine Abwägung der Interessen des Empfängers mit denjenigen des Betroffenen ergibt, daß das Geheimhaltungsinteresse der Betroffenen zurückzutreten hat.

7. Ein berechtigtes Interesse des Empfängers an der Einsichtnahme ist regelmäßig nur dann als glaubhaft anzuerkennen, wenn eine überwiegende Wahrscheinlichkeit für dessen Vorliegen spricht. Daher ist von dem Empfänger grundsätzlich die Abgabe einer eidesstattlichen Versicherung oder die Vorlage von Unterlagen zu verlangen, aus denen sich ein solches Interesse ergibt. Zudem muß die Identität des Empfängers festgestellt werden. Der jeweilige Datenübermittlungsvorgang ist schriftlich festzuhalten.

8. Der Stadtverband Saarbrücken ist verpflichtet, die Datenübermittlung generell mit der Auflage zu versehen, daß der Empfänger die übermittelten Daten nur für den Zweck verwenden darf, zu dessen Erfüllung sie ihm übermittelt werden. Zugleich ist der Empfänger darauf hinzuweisen, daß eine Zuwiderhandlung gegen diese Auflage eine mit einem Bußgeld zu ahnende Ordnungswidrigkeit darstellt.

9. Art. 19 Abs. 4 GG verpflichtet den Stadtverband Saarbrücken, die Übermittlung der Daten zu protokollieren, so daß der Betroffene von der Weitergabe seiner Daten Kenntnis erlangen und sich dagegen zur Wehr setzen kann. Im einzelnen ist dem Betroffenen darüber Auskunft zu geben, wer bei dem Stadtverband über welche seiner personenbezogenen Daten in welcher Weise und zu welchen Zwecken Einsicht erlangt hat.

10. In bezug auf Form und Inhalt der Unterrichtung der Betroffenen lassen sich dem Saarländischen Datenschutzgesetz keine Anhaltspunkte entnehmen. Hier ist demzufolge von einem beträchtlichen Handlungsspielraum auszugehen; es bestehen erhebliche Gestaltungsmöglichkeiten.

Zusammenfassung der Ergebnisse 75

Eine sachgerechte Ausformung könnte so aussehen, daß die Betroffenen vor der Freigabe des Katasters zur Einsichtnahme durch ortsübliche Bekanntmachung von der Übermittlung ihrer Daten informiert werden. Einzelheiten müssen nicht mitgeteilt werden. Hinsichtlich der Einzelheiten ist gemäß § 8 SDSG auf Antrag Auskunft zu erteilen.

Eine Auskunft über den konkreten Empfänger hat aber dann zu unterbleiben, wenn dieser ein überwiegendes berechtigtes Interesse an der Geheimhaltung seiner Daten nachweist.

11. Soweit die Einsichtnahme Datensätze und Kartenausschnitte zum Gegenstand hat, die die Verhältnisse von Personen betreffen, die nicht unter den Anwendungsbereich des Saarländischen Datenschutzgesetzes fallen, ist § 16 SDSG analog anzuwenden. Datenschutzrechtlich ergeben sich also keine Abweichungen im Verhältnis zu der Einsichtnahme in Datensätze und Kartenausschnitte, die die Verhältnisse von natürlichen Personen betreffen.

12. Die Einsichtnahme in das Altlastenkataster kollidiert nicht mit dem Betriebs- und Geschäftsgeheimnis.
Betriebs- und Geschäftsgeheimnisse sind in dem Kataster nicht erfaßt, weil es keine Angaben enthält, aus denen ein berechtigtes Interesse eines Unternehmers an der Geheimhaltung begründet werden kann.

13. Mit der Einsichtnahme in das Altlastenkataster wird nicht unzulässig in die Berufsfreiheit (Art. 12 GG) eingegriffen. Der hier allein in Betracht kommende Teilaspekt der Wettbewerbsfähigkeit wird durch die auf einer gesetzlichen Grundlage beruhenden Einsichtnahme in zulässiger Weise geregelt. Dabei ist davon auszugehen, daß die gespeicherten Angaben auf Untersuchungen bzw. Ermittlungen beruhen, die vom Stadtverband sachkundig und mit dem Bemühen um die nach gegebenen Umständen maximal erreichbare Objektivität durchgeführt worden sind.

14. Wertverluste eines Grundstücks oder Gewerbebetriebs, die in Folge der Einsichtnahme in das Altlastenkataster eintreten, sind nicht entschädigungspflichtig. Diese Eingriffe halten sich im Rahmen der Sozialpflichtigkeit des Eigentums.
Kundenreduzierung oder Umsatzrückgang als Folge des Bekanntwerdens für den Betrieb nachteiliger Daten fallen noch nicht einmal unter den Schutz des Art. 14 GG und sind daher ebenfalls von einer Entschädigung ausgeschlossen.

Literaturverzeichnis

AUERNHAMMER, HERBERT,
Bundesdatenschutzgesetz (Kommentar),
2. Auflage, Köln, Berlin, Bonn, München 1981

BATTIS, ULRICH/MICHAEL KRAUTZBERGER/ROLF-PETER LÖHR,
Bundesbaugesetz. Kommentar,
München 1985

BERGMANN, LUTZ/ROLAND MÖHRLE/ARMIN HERB,
Datenschutzrecht, Handkommentar Bundesdatenschutzgesetz, Datenschutzgesetze der Länder und Kirchen, Bereichspezifischer Datenschutz, Band 2, München, Hannover, Stand: Juli 1988

BREUER, RÜDIGER,
Der Schutz von Betriebs- und Geschäftsgeheimnissen im Umweltrecht,
NVwZ 1986, S. 171 ff.

BESCHLÜSSE DER KONFERENZ DER DATENSCHUTZBEAUFTRAGTEN DES BUNDES UND DER LÄNDER
in: Spiros Simitis/Ulrich Dammann/Otto Mallmann/ Hans-Joachim Reh, Dokumentation zum Bundesdatenschutzgesetz,Band 2,
Stand: 14. Lfg. Baden-Baden 1988

DUSCHANEK, ALFRED,
Datenschutzrechtliche Schranken der Publizität umweltrelevanter Betriebsdaten,
RdW 1988, S. 310 ff.

EHLERS, DIRK/CHRISTOPH HEYDEMANN,
Datenschutzrecht in der Kommunalverwaltung,
DVBl. 1990, S. 1 ff.

EHMANN, HORST,
Zur Zweckbindung privater Datennutzung - Zugleich ein Beitrag des Datenschutzrechts mit einer Stellungnahme zu den Entwürfen zur Änderung des Bundesdatenschutzgesetzes -,
RDV 1988, S. 169 ff., 223 ff.

ERNST, WERNER/WILLY ZINKAHN/WALTER BIELENBERG,
Baugesetzbuch. Loseblattkommentar,
Band 1, Stand: 39. Lfg. München 1989

GALLWAS, HANS-ULLRICH,
Faktische Beeinträchtigungen im Bereich der Grundrecht,
Berlin 1970

GURLIT, ELKE,
Die Verwaltungsöffentlichkeit im Umweltrecht: ein Rechtsvergleich Bundesrepublik Deutschland - USA,
Düsseldorf 1989

JARASS, HANS D.,
Das allgemeine Persönlichkeitsrecht im Grundgesetz,
NJW 1989, S. 857 ff.

JARASS, HANS D./BODO PIEROTH,
GG - Grundgesetz für die Bundesrepublik Deutschland. Kommentar,
München 1989

KOPP, FERDINAND O.,
VwVfG - Verwaltungsverfahrensgesetz. Kommentar,
4. Auflage, München 1986

(DER) LANDESBEAUFTRAGTE FÜR DATENSCHUTZ,
Hinweis zur Durchführung des SDSG vom 17. Mai 1978 (Az.: LfD 11-18) vom 12. Dezember 1978, abgedruckt in: Spiros Simitis/Ulrich Dammann/Otto Mallmann/ Hans-Joachim Reh, Dokumentation zum Bundesdatenschutzgesetz, Band 1,
Stand: 14 Lfg. Baden-Baden 1988

LÜBBE-WOLFF, GERTRUDE,
Rechtsprobleme der behördlichen Umweltberatung,
NJW 1987, S. 2705 ff.

LÜKE, GERHARD,
Registereinsicht und Datenschutz,
NJW 1983, S. 1407 ff.

MAUNZ, THEODOR/GÜNTER DÜRIG/ROMAN HERZOG/RUPERT SCHOLZ,
Grundgesetz, Kommentar, Band 1, Art. 1 - 12,
6. Aufl., Stand:
5. Ergänzungslieferung, München 1987

VON MÜNCH, INGO (Hrsg.),
Grundgesetz-Kommentar, Band 1 (Präambel bis Art. 20),
3. Auflage, München 1985

MÜSSIGMANN, ELKE,
Datenschutz bei der Veröffentlichung von Altlastenkartierungen - ein Widerspruch?,
Der Städtetag 1990, S. 13 ff.

ORDEMANN, HANS-JOACHIM/RUDOLF SCHOMERUS,
Bundesdatenschutzgesetz: Gesetz zum Schutz vor Mißbrauch personenbezogener Daten bei der Datenverarbeitung,
4. Auflage, München 1988

OSSENBÜHL, FRITZ,
Staatshaftungsrecht,
3. Auflage, München 1983

PALANDT, OTTO,
Bürgerliches Gesetzbuch, Kurzkommentar,
48. Auflage, München 1989

PARDEY, KARL-DIETER,
Informationelles Selbstbestimmungsrecht und Akteneinsicht,
NJW 1989, S. 1647 ff.

RAMSAUER, ULRICH,
Die faktischen Beeinträchtigungen des Eigentums,
Berlin 1980

RICHLER, WERNER,
Schutz von Betriebs- und Geschäftsgeheimnissen im Umweltrecht. Diss. jur. Regensburg 1989,
Regensburg 1989

ROSSNAGEL, ALEXANDER,
Datenschutz bei Praxisübergabe,
NJW 1989, S. 2303 ff.

SAARLÄNDISCHER MINISTER DES INNERN,
Hinweis zur Durchführung des SDSG vom 17. Mai 1978 (Az.: A6-2644-00/4/Sa), abgedruckt in: Spiros Simitis/Ulrich Dammann/Otto Mallmann/ Hans-Joachim Reh, Dokumentation zum Bundesdatenschutzgesetz, Band 1, Stand: 14. Lfg. Baden-Baden 1988

SCHAFFLAND, HANS-JÜRGEN/NOEME WILTFANG,
Bundesdatenschutzgesetz (BDSG). Ergänzbarer Kommentar nebst einschlägigen Rechtsvorschriften,
Stand: 29. Lfg., Berlin VII/1989

SCHMIDT, GÜNTER,
Wann haftet der Staat? Vorschriftswidrige Datenverarbeitung und Schadensersatz,
Neuwied/Frankfurt 1989

SCHOENEMANN, PETER,
Akteneinsicht und Persönlichkeitsschutz,
DVBl. 1988, S. 520 ff.

SCHRÖDER, MEINHARD,
Der Schutz von Betriebs- und Geschäftsgeheimnissen im Umweltschutzrecht,
UPR 1989, S. 354 ff.

SELKE, WOLFGANG/ULRICH DORSTEWITZ,
Aufspüren und Handeln: Über das Modell des Stadtverbandes Saarbrücken zum Umgang mit Altlasten,
in: Erkundung und Sanierung von Altlasten. Hg. H.L. Jessberger,
Rotterdam 1989, S. 51 ff.

SIMITIS, SPIROS/ULRICH DAMMANN/OTTO MALLMANN/HANS-
JOACHIM REH,
Kommentar zum Bundesdatenschutzgesetz,
3. Auflage, Baden-Baden 1981

SIMITIS, SPIROS,
Konsequenzen des Volkszählungsurteils: Ende der Übergangsfrist - zugleich Anmerkung zu OLG Frankfurt, NJW 1989, 47,
NJW 1989, S. 21 f.

STADTVERBAND SAARBRÜCKEN,
Methodik und Erfahrungen bei der Bestandsaufnahme kontaminationsverdächtiger Flächen im Stadtverband Saarbrücken,
Saarbrücken Juli 1988

STADTVERBAND SAARBRÜCKEN. UMWELTAMT,
Methodik der Erfassung kontaminationsverdächtiger Flächen unter Berücksichtigung der laufenden Produktion,
Saarbrücken, Oktober 1989

STELKENS, PAUL/HEINZ-JOACHIM BONK/KLAUS LEONHARDT,
Verwaltungsverfahrensgesetz, Kommentar,
2. Auflage, München 1983

TINNEFELD, MARIE-THERES/HELGA TUBIES,
Datenschutzrecht,
München 1988

VOGELGESANG, KLAUS,
Grundrecht auf informationelle Selbstbestimmung?
Baden-Baden 1987

Anhang I

Saarländisches Datenschutzgesetz

"Saarländisches Gesetz zum Schutz vor Mißbrauch personenbezogener Daten bei der Datenverarbeitung
(Saarländisches Datenschutzgesetz SDSG)"

Vom 17. Mai 1978

(Amtsbl. S. 581, geändert durch Gesetz vom 14.12.1982, Amtsbl. 1983 S. 25)

Der Landtag des Saarlandes hat folgendes Gesetz beschlossen, das hiermit verkündet wird:

Erster Abschnitt
Allgemeine Vorschriften

§1 Aufgabe und Gegenstand des Datenschutzes

(1) Aufgabe des Datenschutzes ist es, durch den Schutz personenbezogener Daten vor Mißbrauch bei ihrer Speicherung, Übermittlung, Veränderung und Löschung (Datenverarbeitung) der Beeinträchtigung schutzwürdiger Belange der Betroffenen entgegenzuwirken.

(2) Dieses Gesetz schützt personenbezogene Daten, die in Dateien gespeichert, verändert, gelöscht oder aus Dateien übermittelt werden. Ausgenommen sind personenbezogene Daten, die nicht zur Übermittlung an Dritte bestimmt sind und nicht in automatisierten Verfahren verarbeitet werden; es sind diejenigen technischen und organisatorischen Maßnahmen zu treffen, die im Interesse schutzwürdiger Belange der Betroffenen erforderlich sind; §12 Abs. 1 Satz 2 findet Anwendung.

§ 2 Anwendungsbereich

(1) Die Vorschriften dieses Gesetzes gelten für die Verarbeitung personenbezogener Daten durch die Gerichte und die Behörden des Landes, der Gemein-

den und Gemeindeverbände und die sonstigen der Aufsicht des Landes unterstehenden juristischen Personen des öffentlichen Rechts. Diese sind öffentliche Stellen im Sinne dieses Gesetzes.

(2) Besondere Rechtsvorschriften über den Datenschutz gehen den Vorschriften dieses Gesetzes vor.

§ 3 Begriffsbestimmungen

(1) Im Sinne dieses Gesetzes sind personenbezogene Daten Einzelangaben über persönliche oder sachliche Verhältnisse einer bestimmten oder bestimmbaren natürlichen Person (Betroffener).

(2) Im Sinne dieses Gesetzes ist
1. Speichern (Speicherung) das Erfassen, Aufnehmen oder Aufbewahren von Daten auf einem Datenträger zum Zwecke ihrer weiteren Verwendung,
2. Übermitteln (Übermittlung) das Bekanntgeben gespeicherter oder durch Datenverarbeitung unmittelbar gewonnener Daten an Dritte in der Weise, daß die Daten durch die speichernde Stelle weitergegeben oder zur Einsichtnahme, namentlich zum Abruf bereitgehalten werden,
3. Veränderung (Veränderung) das inhaltliche Umgestalten gespeicherter Daten,
4. Löschen (Löschung) das Unkenntlichmachen gespeicherter Daten, ungeachtet der dabei angewendeten Verfahren.

(3) Im Sinne dieses Gesetzes ist
1. speichernde Stelle jede öffentliche Stelle im Sinne des § 2 Abs. 1, die Daten für sich selbst speichert oder durch andere speichern läßt,
2. Dritter jede Person oder Stelle außerhalb der speichernden Stelle, ausgenommen der Betroffene oder diejenigen Personen und Stellen, die in den Fällen der Nummer 1 im Geltungsbereich des Grundgesetzes im Auftrag tätig werden,
3. eine Datei eine gleichartig aufgebaute Sammlung von Daten, die nach bestimmten Merkmalen erfaßt und geordnet, nach anderen bestimmten Merkmalen umgeordnet und ausgewertet werden kann, ungeachtet der dabei angewendeten Verfahren; nicht hierzu gehören Akten und Aktensammlungen, es sei denn, daß sie durch automatisierte Verfahren umgeordnet und ausgewertet werden können.

§ 4 Zulässigkeit der Datenverarbeitung

Die Verarbeitung personenbezogener Daten, die von diesem Gesetz geschützt werden, ist in jeder ihrer in § 1 Abs. 1 genannten Phasen nur zulässig, wenn
1. dieses Gesetz oder eine andere Rechtsvorschrift sie erlaubt oder
2. der Betroffene eingewilligt hat.

Die Einwilligung bedarf der Schriftform, soweit nicht wegen besonderer Umstände eine andere Form angemessen ist; wird die Einwilligung zusammen mit anderen Erklärungen schriftlich erteilt, ist der Betroffene hierauf schriftlich besonders hinzuweisen.

§ 5 Verarbeitung personenbezogener Daten im Auftrag

(1) Die Vorschriften dieses Gesetzes gelten für öffentliche Stellen auch insoweit, als personenbezogene Daten in deren Auftrag durch andere Stellen verarbeitet werden. In diesen Fällen ist der Auftragnehmer sorgfältig auszuwählen.

(2) Von den Vorschriften dieses Gesetzes gelten für öffentliche Stellen, soweit sie personenbezogene Daten im Auftrag verarbeiten, nur die §§ 11 und 12 sowie der vierte und fünfte Abschnitt. In diesen Fällen ist die Verarbeitung personenbezogener Daten in jeder ihrer in §1 Abs. 1 genannten Phasen nur im Rahmen der Weisungen des Auftraggebers zulässig.

(3) Sofern die Vorschriften dieses Gesetzes auf den Auftragnehmer keine Anwendung finden, ist der Auftraggeber verpflichtet sicherzustellen, daß der Auftragnehmer die Bestimmungen des Absatzes 2 beachtet und sich der Kontrolle des Landesbeauftragten für Datenschutz unterwirft.

Zweiter Abschnitt
Schutzrechte

§ 6 Anrufung des Landesbeauftragten für Datenschutz

Jedermann kann sich - unbeschadet des allgemeinen Petitionsrechts oder anderer Rechte - an den Landesbeauftragten für Datenschutz mit dem Vorbringen werden, daß durch Datenverarbeitung öffentlicher Stellen seine schutzwürdigen Belange beeinträchtigt werden.

§ 7 Einsicht in das Datenschutzregister

(1) Jedermann hat das Recht auf Einsicht in das vom Landsbeauftragten für Datenschutz geführte Datenschutzregister.

(2) Das Datenschutzregister enthält insbesondere Angaben über
1. die öffentliche Stelle, die personenbezogene Daten speichert, übermittelt, verändert oder löscht,
2. den Inhalt der Datei, soweit er personenbezogene Daten betrifft,
3. die Stellen, denen regelmäßig personenbezogene Daten übermittelt werden,
4. die Art der regelmäßig übermittelten, personenbezogenen Daten.

Die Daten zu Nummer 2 umfassen zumindest die Art der Daten, den betroffenen Personenkreis und die Aufgabe, zu deren Erfüllung die Daten erforderlich sind.

(3) Die öffentlichen Stellen - ausgenommen die Verfassungsschutzbehörde - haben dem Landesbeauftragten für Datenschutz ihre Dateien anzumelden, die Angaben nach Absatz 2 und deren Veränderung mitzuteilen.

(4) Das Nähere zur Ausführung der Absätze 2 und 3 regelt eine Rechtsverordnung der Landesregierung nach Anhörung des Landesbeauftragten für Datenschutz.

(5) Wer ein berechtigtes Interesse darlegt, kann sich Auszüge aus dem Datenschutzregister anfertigen lassen. Hierfür werden Gebühren auf Grund des Gesetzes über die Erhebung von Verwaltungs- und Benutzungsgebühren im Saarland erhoben.

(6) Kein Recht auf Einsicht und auf Ausfertigung von Auszügen besteht hinsichtlich Daten
1. der Gerichte und der Staatsanwaltschaften, soweit sie strafverfolgend oder strafvollstreckend tätig werden;
2. der Polizei, soweit sie strafverfolgend oder zur Aufrechterhaltung der öffentlichen Sicherheit und Ordnung tätig wird;
3. der Finanzbehörden des Landes und Stellen der Gemeinden, soweit sie in Erfüllung ihrer gesetzlichen Aufgaben im Anwendungsbereich der Abgabenordnung zur Überwachung und Prüfung tätig werden.

§ 8 Auskunft

(1) Dem Betroffenen ist auf Antrag von der speichernden Stelle Auskunft zu erteilen über die zu seiner Person gespeicherten Daten und die Stellen, denen Daten regelmäßig übermittelt werden. In dem Antrag soll die Art der personenbezogenen Daten, über die Auskunft erteilt werden soll, näher bezeichnet werden. Die speichernde Stelle bestimmt das Verfahren, insbesondere die Form der Auskunftserteilung nach pflichtgemäßem Ermessen.

(2) Kein Recht auf Auskunft besteht gegenüber der Verfassungsschutzbehörden und in den Fällen des § 7 Abs. 6.

(3) Die Auskunftserteilung unterbleibt, soweit
1. die Auskunft die rechtmäßige Erfüllung der in der Zuständigkeit der speichernden Stelle liegenden Aufgabe gefährden würde,
2. die Auskunft die öffentliche Sicherheit oder Ordnung gefährden oder sonst dem Wohle des Bundes oder eines Landes Nachteile bereiten würde,
3. die personenbezogenen Daten oder die Tatsache ihrer Speicherung nach einer Rechtsvorschrift oder ihrem Wesen nach, namentlich wegen der überwiegenden berechtigten Interessen einer dritten Person, geheimgehalten werden müssen.

(4) Das Recht auf Auskunft erstreckt sich nicht auf personenbezogene Daten, die deshalb nach §17 Abs. 1 Satz 2 gesperrt sind, weil sie auf Grund gesetzlicher Aufbewahrungsvorschriften nicht nach § 17 Abs. 3 gelöscht werden dürfen. Über sie ist nach pflichtgemäßem Ermessen Auskunft zu geben. Es erstreckt sich ferner nicht auf die Datenübermittlung an Stellen, denen gegenüber nach Absatz 2 kein Recht auf Auskunft besteht.

(5) Die Auskunftserteilung ist gebührenpflichtig nach dem Gesetz über die Erhebung von Verwaltungs- und Benutzungsgebühren im Saarland. Das Gesetz findet keine Anwendung, soweit die Erhebung von Gebühren für Auskünfte an den Betroffenen über die zu seiner Person gespeicherten Daten in anderen Rechtsvorschriften geregelt ist. Eine Gebühr entsteht nicht, wenn die Auskunft ergibt, daß die Daten unrichtig sind oder ihre Speicherung unzulässig war oder die Auskunft zur Berichtigung, Sperrung oder Löschung führt. Die Höhe der Gebühr darf die Zielsetzung des Gesetzes nicht beeinträchtigen. Mit der Gebühr sind auch die besonderen Auslagen abgegolten.

§ 9 Berichtigung

(1) Der Betroffene kann verlangen, daß zu seiner Person gespeicherte unrichtige Daten berichtigt werden.

(2) Steht die Unrichtigkeit personenbezogener Daten fest, dann kann der Betroffene verlangen, daß sie gelöscht werden, wenn richtige Daten nicht ermittelt werden können.

§ 10 Sperrung und Löschung

(1) Der Betroffene kann verlangen, daß zu seiner Person gespeicherte Daten gesperrt werden, wenn er
1. ein berechtigtes Interesse an der Sperrung darlegt und nicht überwiegende Interessen der Allgemeinheit entgegenstehen oder
2. die Richtigkeit der Daten bestreitet und sich weder die Richtigkeit noch die Unrichtigkeit feststellen läßt.

(2) Der Betroffene kann verlangen, daß zu seiner Person gespeicherte Daten gelöscht werden, wenn
1. ihre Speicherung unzulässig ist oder
2. ihre Kenntnis für die speichernde Stelle zur rechtmäßigen Erfüllung der in ihrer Zuständigkeit liegenden Aufgaben nicht mehr erforderlich ist.

(3) Der Betroffene ist von der Sperrung oder Löschung schriftlich zu verständigen, sofern er nicht ausdrücklich darauf verzichtet.

Dritter Abschnitt
Einzelregelungen

§ 11 Datengeheimnis

(1) Den im Rahmen des §2 Abs. 1 oder im Auftrag der dort genannten öffentlichen Stellen bei der Datenverarbeitung beschäftigten Personen ist untersagt, geschützte personenbezogene Daten unbefugt zu einem anderen als dem zur jeweiligen rechtmäßigen Aufgabenerfüllung gehörenden Zweck zu verarbeiten, bekanntzugeben, zugänglich zu machen oder sonst zu nutzen.

(2) Diese Personen sind bei der Aufnahme ihrer Tätigkeit nach Maßgabe von Absatz 1 zu verpflichten. Ihre Pflichten bestehen auch nach Beendigung ihrer Tätigkeit fort.

§ 12 Technische und organisatorische Maßnahme

(1) Wer im Rahmen des §2 Abs. 1 oder im Auftrag der dort genannten öffentlichen Stellen personenbezogene Daten verarbeitet, hat die technischen und organisatorischen Maßnahmen zu treffen, die erforderlich sind, um die Ausführung der Vorschriften dieses Gesetzes, insbesondere die in der Anlage zu diesem Gesetz genannten Anforderungen zu gewährleisten. Erforderlich sind Maßnahmen nur, wenn ihr Aufwand in einem angemessenen Verhältnis zu dem angestrebten Schutzzweck steht.

(2) Die Landesregierung wird ermächtigt, durch Rechtsverordnung die in der Anlage genannten Anforderungen nach dem jeweiligen Stand der Technik und Organisation fortzuschreiben. Stand der Technik und Organisation im Sinne dieses Gesetzes ist der Entwicklungsstand fortschrittlicher Verfahren, Einrichtungen oder Betriebsweisen, der die praktische Eignung einer Maßnahme zur Gewährleistung der Durchführung dieses Gesetzes gesichert erscheinen läßt. Bei der Bestimmung des Standes der Technik und Organisation sind insbesondere vergleichbare Verfahren, Einrichtungen oder Betriebsweisen heranzuziehen, die mit Erfolg im Betrieb erprobt worden sind.

§ 13 Speicherung, Veränderung und Berichtigung

(1) Das Speichern und das Verändern personenbezogener Daten ist zulässig, wenn es zur rechtmäßigen Erfüllung der in der Zuständigkeit der speichernden Stelle liegenden Aufgaben erforderlich ist.

(2) Werden Daten beim Betroffenen auf Grund einer Rechtsvorschrift erhoben, dann ist er auf sie, sonst auf die Freiwilligkeit seiner Angaben hinzuweisen.

(3) Daten sind zu berichtigen, wenn es der Betroffene nach §9 Abs. 1 verlangt oder die Unrichtigkeit der Daten auf andere Weise erkannt wird. Von der Berichtigung sind unverzüglich die Stellen zu verständigen, denen im Rahmen einer regelmäßigen Datenübermittlung die unrichtigen Daten übermittelt wurden; im übrigen liegt die Verständigung im pflichtgemäßen Ermessen.

§ 14 Datenübermittlung innerhalb des öffentlichen Bereichs

(1) Die Übermittlung personenbezogener Daten an andere öffentliche Stellen ist zulässig, wenn sie zur rechtmäßigen Erfüllung der in der Zuständigkeit der übermittelnden Stelle oder des Empfängers liegenden Aufgaben erforderlich ist.

(2) Unterliegen die personenbezogenen Daten einem Berufs- oder besonderen Amtsgeheimnis und sind sie der übermittelnden Stelle von der zur Verschwiegenheit verpflichteten Person in Ausübung ihrer Berufs- oder Amtspflicht übermittelt worden, ist für die Zuständigkeit der Übermittlung ferner erforderlich, daß der Empfänger die Daten zur Erfüllung des gleichen Zweckes benötigt, zu dem sie die übermittelnde Stelle erhalten hat.

(3) Andere öffentliche Stelle im Sinne des Absatzes 1 ist jede öffentliche Stelle im Geltungsbereich des Grundgesetzes, die andere Aufgaben wahrnimmt oder einen anderen räumlichen Bereich hat als die abgebende Stelle. Als andere öffentliche Stelle gelten auch Teile derselben Stelle mit anderen Aufgaben oder anderem räumlichen Bereich.

(4) Keine Datenübermittlung im Sinne des Absatzes 1 ist die Weitergabe von Daten an eine andere Stelle, die im Auftrag der weitergebenden Stelle deren Daten verarbeitet, sowie ihre Rückgabe an die auftraggebende Stelle.

§ 15 Informationsrecht des Landtags und der kommunalen Vertretungsorgane

Die in § 2 Abs. 1 genannten Behörden sind verpflichtet, dem Landtag, dem Präsidenten und den Fraktionen des Landtags sowie den kommunalen Vertretungsorganen die von diesen im Rahmen ihrer Zuständigkeiten verlangten Auskünfte auf Grund der von ihnen automatisiert geführten Dateien zu geben, soweit Programme zur Auswertung vorhanden sind. Die Auskünfte dürfen keine personenbezogenen Daten enthalten. Den Auskünften darf ein gesetzliches Verbot oder ein wichtiges öffentliches Interesse nicht entgegenstehen. Auskunftsersuchen, die Dateien von Behörden oder Einrichtungen des Landes betreffen, sind, soweit nicht besondere Vereinbarungen bestehen, an die Landesregierung zu richten.

§ 16 Datenübermittlung an Stellen außerhalb des öffentlichen Bereichs

(1) Die Übermittlung personenbezogener Daten an Personen und andere Stellen als die in § 14 bezeichneten ist zulässig, wenn sie zur rechtmäßigen Erfüllung der in der Zuständigkeit der übermittelnden Stelle liegenden Aufgaben erforderlich ist oder soweit der Empfänger ein berechtigtes Interesse an der Kenntnis der zu übermittelnden Daten glaubhaft macht und dadurch schutzwürdige Belange der Betroffenen nicht beeinträchtigt werden.

(2) Unterliegen die personenbezogenen Daten einem Berufs- oder besonderen Amtsgeheimnis und sind sie der übermittelnden Stelle von der zur Verschwiegenheit verpflichteten Person in Ausübung ihrer Berufs- oder Amtspflicht übermittelt worden, ist für die Zulässigkeit der Übermittlung ferner erforderlich, daß die gleichen Voraussetzungen gegeben sind, unter denen sie die zur Verschwiegenheit verpflichtete Person übermitteln dürfte.

(3) Für die Übermittlung an Behörden und sonstige Stellen außerhalb des Geltungsbereichs des Grundgesetzes sowie an über- und zwischenstaatliche Stellen finden die Absätze 1 und 2 nach Maßgabe der für diese Übermittlung geltenden Gesetze und Vereinbarungen Anwendung.

(4) Soweit gegenüber öffentlichen Stellen nach § 7 Abs. 6 kein Recht des Betroffenen auf Einsicht in das Datenschutzregister besteht, übermitteln diese keine personenbezogene Daten nach Abs. 1 an andere Personen oder Stellen.

(5) Eine Datenübermittlung nach Absatz 1 findet nicht statt, wenn die Auskunft an den Betroffenen in den Fällen des § 8 Abs. 3 unterbleibt.

(6) Der Empfänger darf die übermittelten Daten nur für den Zweck verwenden, zu dessen Erfüllung sie ihm übermittelt wurden.

(7) Die übermittelnde Stelle kann die Datenübermittlung mit Auflagen versehen, die den Datenschutz beim Empfänger sicherstellen.

§ 17 Sperrung und Löschung von Daten

(1) Personenbezogene Daten sind zu sperren, wenn es der Betroffene nach § 10 Abs. 1 verlangt. Sie sind ferner zu sperren, wenn ihre Kenntnis für die speichernde Stelle zur rechtmäßigen Erfüllung der in ihrer Zuständigkeit liegenden Aufgaben nicht mehr erforderlich ist.

(2) Gesperrte Daten sind mit einem entsprechenden Vermerk zu versehen; sie dürfen nicht mehr verarbeitet, insbesondere übermittelt, oder sonst genutzt werden, es sei denn, daß die Nutzung zu wissenschaftlichen Zwecken, zur Behebung einer bestehenden Beweisnot oder aus sonstigen im überwiegenden Interesse der speichernden Stelle oder eines Dritten liegenden Gründen unerläßlich ist oder der Betroffene der Nutzung zugestimmt hat.

(3) Personenbezogene Daten können gelöscht werden, wenn ihre Kenntnis für die speichernde Stelle zur rechtmäßigen Erfüllung der in ihrer Zuständigkeit liegenden Aufgaben nicht mehr erforderlich ist und kein Grund zu der Annahme besteht, daß durch die Löschung schutzwürdige Belange des Betroffenen beeinträchtigt werden. Sie können ferner gelöscht werden, wenn ihre Unrichtigkeit feststeht und richtige Daten nicht ermittelt werden können.

(4) Personenbezogene Daten sind zu löschen, wenn es der Betroffene nach § 9 Abs. 2 und § 10 Abs. 2 verlangt oder wenn ihre Speicherung unzulässig war.

Vierter Abschnitt
Datenschutzkontrolle

§ 18 Aufgaben der obersten Dienst- und Aufsichtsbehörde

(1) Die obersten Dienstbehörden und juristischen Personen des öffentlichen Rechts, die der Rechtsaufsicht unterliegen, haben jeweils für ihren Geschäftsbereich die Ausführung dieses Gesetzes sowie anderer Rechtsvorschriften über den Datenschutz sicherzustellen. Verwaltungsvorschriften ergehen nach Anhörung des Landesbeauftragten für Datenschutz. Die Zuständigkeit der Fach- und Rechtsaufsichtsbehörden bleibt unberührt.

(2) Der erstmalige Einsatz von automatisierten Verfahren, mit denen personenbezogene Daten verarbeitet werden, bedarf hinsichtlich der Datenarten und der regelmäßigen Datenübermittlung der schriftlichen Freigabe durch die oberste Dienstbehörde. In der Landesverwaltung ist die Freigabe durch die oberste Dienstbehörde zu erklären, die für die dem automatisierten Verfahren zugrunde liegende Rechtsmaterie federführend ist. Entsprechendes gilt für wesentliche Änderungen des Verfahrens.

(3) Sollen personenbezogene Daten aus den Geschäftsbereichen verschiedener oberster Dienstbehörden oder verschiedener juristischer Personen in automatisierten Verfahren verarbeitet werden und ist die Datenübermittlung nicht durch Rechts- oder Verwaltungsvorschrift geregelt, bedarf es hinsichtlich der Datenarten und der regelmäßigen Datenübermittlung der Zustimmung der beteiligten obersten Dienstbehörden oder der zuständigen Organe der beteiligten juristischen Personen.

(4) Vor der Entscheidung nach den Absätzen 2 und 3 hat die datenliefernde Stelle dem Landesbeauftragten für Datenschutz Gelegenheit zur Stellungnahme zu geben.

§ 19 Landesbeauftragter für Datenschutz

(1) Die Landesregierung bestellt mit Zustimmung des Landtages einen Landesbeauftragten für Datenschutz. Dieser muß die Befähigung zum Richteramt oder zum höheren Verwaltungsdienst haben.

(2) Der Landesbeauftragte für Datenschutz wird auf die Dauer von sechs Jahren in ein Beamtenverhältnis auf Zeit berufen.

(3) Der Landesbeauftragte für Datenschutz ist in Erfüllung seines Auftrags nach diesem Gesetz an Weisungen nicht gebunden. Er untersteht der Dienstaufsicht des Ministers des Innern nur, soweit seine Unabhängigkeit nicht beeinträchtigt wird.

(4) Dem Landesbeauftragten für Datenschutz sind das zur Erfüllung seiner Aufgaben notwendige Personal und die notwendigen Sachmittel zur Verfügung zu stellen. Das ihm zur Erfüllung seiner Aufgaben zugewiesene Personal ist nur an seine Weisungen gebunden. Die Zuweisung des Personals erfolgt im Benehmen mit dem Landesbeauftragten für Datenschutz.

(5) Ist der Landesbeauftragte in der Ausübung seines Amtes verhindert, kann die Landesregierung für die Zeit seiner Verhinderung einen Landesbeamten als Vertreter bestellen; der Landesbeauftragte für Datenschutz soll dazu gehört werden. Für den Vertreter gelten die Absätze 3 und 4 entsprechend.

(6) Der Landesbeauftragte für Datenschutz und sein Vertreter nach Absatz 5 sind verpflichtet, über die ihnen amtlich bekanntgewordenen Angelegenheiten Verschwiegenheit zu bewahren. Dies gilt nicht für Mitteilungen im

dienstlichen Verkehr oder über Tatsachen, die offenkundig sind oder oder ihrer Bedeutung nach keiner Geheimhaltung bedürfen.

§ 20 Aufgaben des Landesbeauftragten für Datenschutz

(1) Der Landesbeauftragte für Datenschutz überwacht die Einhaltung des Datenschutzes bei allen öffentlichen Stellen; ausgenommen ist die Verfassungsschutzbehörde. Er führt das Datenschutzregister nach § 7.

(2) Der Landesbeauftragte für Datenschutz und seine Beauftragten sind von allen öffentlichen Stellen in der Erfüllung ihrer Aufgaben zu unterstützen. Ihnen sind alle zur Erfüllung ihrer Aufgaben notwendigen Auskünfte zu geben und auf Anforderung alle Unterlagen über die Verarbeitung personenbezogener Daten zur Einsicht vorzulegen. Sie haben jederzeit - auch unangemeldet - ungehinderten Zutritt zu allen Räumen, in denen öffentliche Stellen personenbezogene Daten verarbeiten.

(3) Auf Anforderung des Landtages oder der Landesregierung hat der Landesbeauftragte Gutachten zu erstellen und Berichte zu erstatten. Er erstattet jährlich einen Bericht über seine Tätigkeit. Dieser ist dem Landtag und der Landesregierung gleichzeitig zuzuleiten. Der Landesbeauftragte kann sich unmittelbar an den Landtag wenden.

§ 21 Beanstandungen durch den Landesbeauftragten für Datenschutz

(1) Der Landesbeauftragte für Datenschutz hat festgestellte Verletzungen von Vorschriften über den Datenschutz bei den öffentlichen Stellen zu beanstanden und ihre Behebung in angemessener Frist zu fordern. Die oberste Dienstbehörde sowie die Fach- und Rechtsaufsichtsbehörden sind davon zu verständigen.

(2) Auf die Beanstandung hat die öffentliche Stelle innerhalb der gesetzten Frist eine Stellungnahme abzugeben. Die Maßnahme ist darzustellen, die zur Beseitigung der Mängel getroffen oder beabsichtigt ist. Eine Abschrift der Stellungnahme an den Landesbeauftragten ist der obersten Dienstbehörde sowie den Fach- und Rechtsaufsichtsbehörden zuzuleiten.

(3) Wird die Beanstandung nicht behoben, so fordert der Landesbeauftragte für Datenschutz von der obersten Dienstbehörde und den Fach- und Rechts-

aufsichtsbehörden binnen angemessener Frist geeignete Maßnahmen. Bleibt die Aufforderung nach Ablauf dieser Frist ohne Erfolg, verständigt der Landesbeauftragte für den Datenschutz die Landesregierung und den Landtag.

(4) Der Landesbeauftragte für Datenschutz kann von einer Beanstandung absehen, wenn es sich um unerhebliche Mängel handelt.

Fünfter Abschnitt
Sonderbestimmungen, Übergangs-, Straf- und Schlußvorschriften

§ 22 Öffentlich-rechtliche Unternehmen, die am Wettbewerb teilnehmen

(1) Soweit öffentliche Stellen im Sinne des § 2 Abs. 1 am Wettbewerb teilnehmen, gelten von den Vorschriften dieses Gesetzes nur § 18 Abs. 1 und §§ 19 bis 21. Im übrigen sind die Vorschriften des Gesetzes zum Schutz vor Mißbrauch personenbezogener Daten bei der Datenverarbeitung (Bundesdatenschutzgesetz - BDSG) vom 27. Januar 1977 (Bundesgesetzbl. I S. 201) mit Ausnahme des zweiten Abschnittes und der §§ 22 Abs. 1 Satz 2, 30 und 40 anzuwenden.

(2) Für öffentlich-rechtliche Kreditinstitute gelten abweichend von Absatz 1 die Vorschriften des Bundesdatenschutzgesetzes, die auf private Unternehmen anzuwenden sind. Das gleiche gilt für öffentliche Stellen, soweit sie Daten im Auftrag der in Satz 1 bezeichneten Institute oder privater Auftraggeber verarbeiten.

(3) Die Feuerversicherungsanstalt Saarland und die Lebensversicherungsanstalt Saarland gelten als eine einzige öffentliche Stelle im Sinne dieses Gesetzes.

§ 23 Publizistische Daten, Saarländischer Rundfunk

(1) Soweit öffentliche Stelle - insbesondere Unternehmen oder Hilfsunternehmen der Presse, des Rundfunks oder des Films - personenbezogene Daten ausschließlich zu eigenen, publizistischen Zwecken verarbeiten, gilt von den Vorschriften dieses Gesetzes nur § 12 Abs. 1.

(2) Im übrigen finden auf den Saarländischen Rundfunk die Vorschriften dieses Gesetzes mit Ausnahme der §§ 19 bis 21 Anwendung.

(3) Der Intendant des Saarländischen Rundfunks bestellt mit Zustimmung des Rundfunkrates für die Dauer von sechs Jahren einen Beauftragten der Anstalt für Datenschutz. Der Beauftragte ist in der Ausübung seines Amtes unabhängig und nur dem Gesetz unterworfen; im übrigen untersteht er der Dienstaufsicht des Intendaten.

(4) Der Beauftragte der Anstalt überwacht die Einhaltung dieses Gesetzes und anderer Vorschriften über den Datenschutz bei der gesamten Tätigkeit der Anstalt. Er kann auch weitere Aufgaben innerhalb der Anstalt übernehmen; Absatz 3 Satz 2 findet insoweit keine Anwendung.

(5) Der Beauftragte der Anstalt für Datenschutz ist von allen Stellen der Anstalt in Erfüllung seiner Aufgaben zu unterstützen. Ihm sind alle zur Erfüllung seiner Aufgaben notwendigen Auskünfte zu geben und auf Anforderung alle Unterlagen über die Verarbeitung personenbezogener Daten zur Einsicht vorzulegen. Er hat in Erfüllung seiner Aufgaben jederzeit - auch unangemeldet - ungehinderten Zutritt zu allen Räumen, in denen personenbezogene Daten verarbeitet werden. Er führt das Datenschutzregister nach § 7 für den nicht zu publizistischen Zwecken bestimmten Teil der Daten. Der Beauftragte erstattet gleichzeitig dem Intendanten, dem Verwaltungsrat und dem Rundfunkrat jährlich einen Bericht über seine Tätigkeit; diesen Bericht übermittelt er auch dem Landesbeauftragten für Datenschutz.

(6) Der Beauftragte der Anstalt für Datenschutz hat festgestellte Verletzungen von Vorschriften über den Datenschutz zu beanstanden und ihre Behebung in angemessener Frist zu fordern. Der Intendant ist davon zu verständigen. Wird die Beanstandung von der zuständigen Stelle nicht behoben, so fordert der Beauftragte der Anstalt vom Intendanten binnen angemessener Frist geeignete Maßnahmen. Bleibt die Aufforderung nach Ablauf dieser Frist ohne Erfolg, verständigt der Beauftragte der Anstalt den Verwaltungsrat.

(7) Der Beauftragte der Anstalt für Datenschutz ist verpflichtet, über die ihm amtlich bekanntgewordenen Angelegenheiten Verschwiegenheit zu bewahren. Dies gilt nicht für Mitteilungen im dienstlichen Verkehr oder über Tatsachen, die offenkundig sind oder ihrer Bedeutung nach keiner Geheimhaltung bedürfen.

§ 24 Amtliche Statistik

(1) Werden personenbezogene Daten für eine durch Rechtsvorschrift angeordnete statistische Erhebung verarbeitet, gelten von den Vorschriften dieses Gesetzes nur die §§ 7, 12, 18, 19, 20, 21 und 27. Die Rechtsvorschrift hat den Zweck der Statistik, die zu erfassenden Tatbestände und den Kreis der Befragten festzulegen. Personenbezogene Daten sind nur im Rahmen des Zweckes der Statistik zu verarbeiten.

(2) Das Statistische Landesamt und die anderen speichernden öffentlichen Stellen dürfen personenbezogene Daten im Sinne des Absatz 1 nur dem Statistischen Bundesamt, den fachlich zuständigen obersten Bundes- und Landesbehörden oder den von ihnen bestimmten Stellen und nur insoweit übermitteln, als es die die statistische Erhebung anordnende Rechtsvorschrift zuläßt und in den Erhebungsdrucksachen bekanntgegeben wird.

§ 25 Öffentlich-rechtliche Religionsgesellschaften

Personenbezogene Daten dürfen in entsprechender Anwendung des § 14 von der speichernden Stelle an Stellen der öffentlich-rechtlichen Religionsgesellschaften übermittelt werden, soweit die empfangende Stelle die Daten zur Erfüllung ihrer öffentlichen Aufgaben benötigt und ausreichender Datenschutz sichergestellt ist.

§ 26 Meldebehörden
(aufgehoben)

§ 27 Strafvorschriften

(1) Wer unbefugt von diesem Gesetz geschützte personenbezogene Daten, die nicht offenkundig sind,
1. übermittelt oder verändert,
2. abruft oder sich aus in Behältnissen verschlossenen Dateien verschafft,
wird mit Freiheitsstrafe bis zu einem Jahr oder mit Geldstrafe bestraft.

(2) Handelt der Täter gegen Entgelt oder in der Absicht, sich oder einen anderen zu bereichern oder einen anderen zu schädigen, so ist die Strafe Freiheitsstrafe bis zu zwei Jahren oder Geldstrafe.

(3) Die Tat wird nur auf Antrag verfolgt. Den Antrag kann auch der Landesbeauftragte für Datenschutz stellen.

§ 28 Ordnungswidrigkeiten

(1) Ordnungswidrig handelt, wer sich durch unwahre Angaben gegenüber einer Behörde oder sonstigen öffentlichen Stellen von diesem Gesetz geschützte personenbezogene Daten, die nicht offenkundig sind, verschafft.

(2) Ordnungswidrig handelt, wer vorsätzlich oder fahrlässig entgegen §16 Abs. 7 eine Auflage nicht erfüllt.

(3) Die Ordnungswidrigkeit kann mit einer Geldbuße bis zu 50.000 Deutsche Mark geahndet werden.

§ 29 Inkrafttreten

(1) Das Gesetz tritt am 1. Juli 1978 in Kraft. Abweichend davon tritt § 12 Abs. 1 und die Anlage zu §12 Abs. 1 Satz 1 am 1. Januar 1980 in Kraft.

(2) Das Datenschutzregister ist bis zum 1. Juli 1979 einzurichten.

(3) Auf automatisch betriebene Dateien, in denen personenbezogene Daten gespeichert werden, finden §§ 10 und 17 erst ab 1. Januar 1980 Anwendung. Das gilt nicht für automatisch betriebene Dateien, die nach dem 1. Januar 1978 neu errichtet werden.

Anlage zu § 12 Abs. 1 Satz 1

Werden personenbezogene Daten automatisch verarbeitet, sind zur Ausführung der Vorschriften dieses Gesetzes Maßnahmen zu treffen, die je nach der Art der zu schützenden personenbezogenen Daten geeignet sind,

1. Unbefugten den Zugang zu Datenverarbeitungsanlagen, mit denen personenbezogene Daten verarbeitet werden, zu verwehren (Zugangskontrolle),
2. Personen, die bei der Verarbeitung personenbezogener Daten tätig sind, daran zu hindern, daß sie Datenträger unbefugt entfernen (Abgangskontrolle),

3. die unbefugte Eingabe in den Speicher sowie die unbefugte Kenntnisnahme, Veränderung oder Löschung gespeicherter personenbezogener Daten zu verhindern (Speicherkontrolle),
4. die Benutzung von Datenverarbeitungssystemen, aus denen oder in die personenbezogene Daten durch selbständige Einrichtungen übermittelt werden, durch unbefugte Personen zu verhindern (Benutzerkontrolle),
5. zu gewährleisten, daß die zur Benutzung eines Datenverarbeitungssystems Berechtigten durch selbsttätige Einrichtungen ausschließlich auf die ihrer Zugriffsberechtigung unterliegenden personenbezogenen Daten zugreifen können (Zugriffskontrolle),
6. zu gewährleisten, daß überprüft und festgestellt werden kann, an welche Stellen personenbezogene Daten durch selbsttätige Einrichtungen übermittelt werden können (Übermittlungskontrolle),
7. zu gewährleisten, daß nachträglich überprüft und festgestellt werden kann, welche personenbezogenen Daten zu welcher Zeit von wem in Datenverarbeitungssysteme eingegeben worden sind (Eingabekontrolle),
8. zu gewährleisten, daß personenbezogene Daten, die im Auftrag verarbeitet werden, nur entsprechend den Weisungen des Auftraggebers verarbeitet werden können (Auftragskontrolle),
9. zu gewährleisten, daß bei der Übermittlung personenbezogener Daten sowie beim Transport entsprechender Datenträger diese nicht unbefugt gelesen, verändert oder gelöscht werden können (Transportkontrolle),
10. die innerbehördliche oder innerbetriebliche Organisation so zu gestalten, daß sie den besonderen Anforderungen des Datenschutzes gerecht wird (Organisationskontrolle).

Anhang II

Altlastenkataster regelnde Vorschriften in den Landesabfallgesetzen (Stand: März 1990)

Baden-Württemberg: "Gesetz über die Vermeidung und Entsorgung von Abfällen und die Behandlung von Altlasten in Baden-Württemberg (Landesabfallgesetz - LAbfG) vom 8.1.1990, GBl. S. 1:

§ 23 Erfassung altlastverdächtiger Flächen

(1) Das Wasserwirtschaftsamt führt soweit erforderlich Erhebungen zur Erfassung altlastverdächtiger Flächen durch und unterstützt die Ermittlungen der Wasserbehörde über das Vorliegen von Altlasten. Die Aufgaben anderer Behörden zur Ermittlung und Abwehr von Gefahren bleiben unberührt.

(2) Altlastverdächtige Flächen und Altlasten werden in einer bei den Wasserwirtschaftsämtern und der Landesanstalt für Umweltschutz geführten Datei erfaßt.

(3) Die Weitergabe personenbezogener Daten und anderer Informationen an die zuständige Stelle zur Erfüllung der in Absatz 1 und 2 genannten Aufgaben ist zulässig. § 11 Abs. 4 und 5 AbfG ist, soweit es sich um Altstandorte handelt, entsprechend anwendbar.

Bayern: "Gesetz über die geordnete Beseitigung von Abfällen (Bayerisches Abfallgesetz" vom 25.5.1973 (GVBl. S. 324) zuletzt geändert durch Gesetz vom 20. Juli 1982 (GVBl. S. 471):

- Keine Regelung -

Berlin: "Gesetz über Stadtreinigung (Stadtreinigungsgesetz - StRG)" vom 24.6.1969 (GVBl. S. 768) zuletzt geändert durch Gesetz vom 5.11.1986 (GVBl. S. 1745):

- Keine Regelung -

Bremen: "Bremisches Ausführungsgesetz zum Gesetz über die Vermeidung und Entsorgung von Abfällen (BremAGAbfG) in der Fassung vom 15.9.1988 (Brem.GBl. S. 241)

§ 19 Datenerhebung und -verarbeitung

Die Stadtgemeinden können bestimmen, daß sie für die Wahrnehmung ihrer Aufgaben der Abfallentsorgung sowie der Abfallgebührenerhebung Daten im erforderlichen Umfang bei den anschlußpflichtigen Grundstückseigentümern und den Abfallbesitzern erheben und verarbeiten sowie an die für die Verfolgung von Ordnungswidrigkeiten zuständigen Behörden bei Vorliegen tatsächlicher Anhaltspunkte für einen Verstoß gegen abfallrechtliche Vorschriften im Zusammenhang mit der Abfallentsorgung und an Dritte im Sinne von § 3 Abs. 2 Satz 2 AbfG weitergeben dürfen. Sie können bestimmen, daß die Daten durch Übermittlung von anderen öffentlichen Stellen erhoben werden, soweit dem gesetzliche Vorschriften nicht entgegenstehen und dieses die Betroffenen weniger belastet oder die Datenerhebung bei den Betroffenen nur mit unverhältnismäßig hohem Aufwand erfolgen könnte. Die Übermittlung der Daten kann auch im automatisierten Abrufverfahren erfolgen. Der Abruf im automatisierten Verfahren ist nur zulässig, wenn durch organisatorische und technische Maßnahmen sichergestellt wird, daß nur berechtigte Bedienstete diese Daten abrufen können und der Datenumfang im einzelnen festgelegt ist.

Hamburg: "Hamburgisches Ausführungsgesetz zum Abfallbeseitigungsgesetz" (HAAbfG) vom 6.2.1974 (GVBl. S. 72, berichtigt S. 140):

- Keine Regelung -

Hessen: "Gesetz über die Vermeidung, Verminderung, Verwertung und Beseitigung von Abfällen und die Sanierung von Altlasten (Hessisches Abfallwirtschafts- und Altlastengesetz - HAbfG -) in der Fassung vom 10.7.1989 (GVBl. S. 198):

§ 17 Erfassung und Untersuchung von Altlastenverdächtigen Flächen (Erstuntersuchung)

(1) Altlastenverdächtige Flächen werden bei einer bei der Hessischen Landesanstalt für Umwelt geführten Verdachtsflächendatei erfaßt. Hierbei haben

diejenigen, die nach § 21 Abs. 1 zur Durchführung von Sanierungsmaßnahmen verpflichtet sein könnten, im erforderlichen Umfang mitzuwirken. Näheres bestimmt der für die Altlastensanierung zuständige Minister im Einvernehmen mit dem Minister des Innern durch Rechtsverordnung.

Niedersachsen: "Niedersächsisches Ausführungsgesetz zum Abfallbeseitigungsgesetz (Nds.AGAbfG)" vom 9.4.1973 (GVBl. S. 109), geändert durch Gesetz vom 19.12.1980 (GVBl. S. 499):

- Keine Regelung -

Nordrhein-Westfalen: "Abfallgesetz für das Land Nordrhein-Westfalen (Landesabfallgesetz - LAbfG -)" vom 21.6.1988 (GVBl. S. 250):

§ 31 Kataster

(1) Die unteren Abfallwirtschaftsbehörden und das Landesoberbergamt führen ein Kataster über die in ihren Zuständigkeitsbereich fallenden Altablagerungen und Altstandorte. In die Kataster sind die Daten, Tatsachen und Erkenntnisse aufzunehmen, die über die Altablagerungen und Altstandorte erhoben und bei deren Untersuchung, Beurteilung und Sanierung sowie bei der Durchführung sonstiger Maßnahmen oder der regelmäßigen Überwachung ermittelt werden. Die Kataster sind laufend fortzuschreiben.

(2) Die unteren Abfallwirtschaftsbehörden übermitteln den Staatlichen Ämtern für Wasser- und Abfallwirtschaft zur Wahrnehmung der in § 30 Abs. 1 genannten Aufgaben sowie der Aufgaben auf dem Gebiet der Wasser- und Abfallwirtschaft die in diesem Zusammenhang genannten Daten, Tatsachen und Erkenntnisse. Diese werden von den Staatlichen Ämtern für Wasser- und Abfallwirtschaft in Dateien geführt und in Karten dargestellt. Die oberste Abfallwirtschaftsbehörde kann in Verwaltungsvorschriften die Form bestimmen, in der die in Satz 1 genannten Daten, Tatsachen und Erkenntnisse an die Staatlichen Ämter für Wasser- und Abfallwirtschaft zu übermitteln sind.

(3) Die obere und die oberste Abfallwirtschaftsbehörde sowie das Landesamt für Wasser und Abfall und die Landesanstalt für Ökologie, Landschaftsentwicklung und Forstplanung können sich über den Inhalt des Katasters unterrichten.

(4) Für den Inhalt der Kataster und Dateien besteht eine zeitlich unbeschränkte Aufbewahrungspflicht. Ausnahmen können die Aufsichtsbehörden gegenüber den allgemeinen und Sonderordnungsbehörden sowie das Landesamt für Wasser und Abfall gegenüber den Staatlichen Ämtern für Wasser- und Abfallwirtschaft zulassen.

§ 32 Weitergabe der Erkenntnisse

(1) Die katasterführenden Behörden, die Staatlichen Ämter für Wasser- und Abfallwirtschaft und das Landesamt für Wasser und Abfall sind befugt, anderen Behörden und Einrichtungen des Landes sowie den Gemeinden und Gemeindeverbänden Daten, Tatsachen und Erkenntnisse über Altablagerungen und Altstandorte mitzuteilen, soweit dies zur Wahrnehmung der diesen Stellen auf den Gebieten der Gefahrenermittlung, Gefahrenabwehr, Überwachung oder Planung obliegenden Aufgaben erforderlich ist. Auf Verlangen teilen die katasterführenden Behörden ihnen vorliegende Daten, Tatsachen oder Erkenntniss den Eigentümern und Nutzungsberechtigten mit; sie können auch Dritte unterrichten, soweit diese ein berechtigtes Interesse an der Kenntnis der zu übermittelnden Daten darlegen.

(2) Soweit Behörden oder andere Stellen Erkenntnisse über Altablagerungen und Altstandorte der Öffentlichkeit zugänglich machen, darf die Bekanntgabe keine Angaben enthalten, die einen Bezug auf eine bestimmte oder bestimmbare natürliche Person zulassen. Dies gilt nicht, wenn solche Angaben offenkundig sind oder ihre Bekanntgabe zur Abwehr von Gefahren oder aus anderen überwiegenden Gründen des Gemeinwohls erforderlich ist.

Rheinland-Pfalz: "Landesgesetz zur Ausführung des Gesetzes über die Vermeidung und Entsorgung von Abfällen (Landesabfallgesetz - LAbfG -)" in der Fassung vom 4.5.1987 (GVBl. S. 140):

§ 22 Aufklärung der Öffentlichkeit, Berichtspflicht

(1) Der Minister für Umwelt und Gesundheit hat die Öffentlichkeit über Möglichkeiten zur Abfallvermeidung sowie über Probleme der Entsorgung von Abfällen aufzuklären.

(2) Die Landesregierung hat alle vier Jahre dem Landtag über die Abfallentsorgung zu berichten.

Saarland: "Saarländisches Abfallgesetz (SAbfG)" vom 3.6.1987 (Amtsbl. S. 849):

§ 16 Altablagerungskataster

Bei dem Landesamt für Umweltschutz ist ein Altablagerungskataster zu führen, auszuwerten und fortzuschreiben, in das Altablagerungen im Sinne des § 11 Abs. 1 Satz 2 Abfallgesetz aufzunehmen sind. Soweit erforderlich, haben hierbei die Pflichtigen nach § 10 Abs. 2, 11 Abs. 4 Abfallgesetz auf Anordnung der zuständigen Behörde mitzuwirken.

Schleswig-Holstein: "Ausführungsgesetz zum Abfallbeseitigungsgesetz (AG-AbfG)" vom 26.11.1973 (GVBl. S. 407):

- Keine Regelung -

Sachregister

Altlastenkataster 11 f
Auskunftsrecht des Betroffenen 46 ff, 55, 58 f

Berechtigtes Interesse des Datenempfängers
- als Voraussetzung für die Einsichtnahme 31 ff, 55, 58
- Anforderungen an die Feststellung 41 f, 55, 58

Berufsfreiheit (Art. 12 GG)
- als mit der Einsichtnahme in das KV-Kataster kollidierendes Recht 65 f

Betriebs- und Geschäftsgeheimnisse
- Begriff 60, 62 f
- als kollidierende geschützte Interessen 60 ff

Datenschutz
- durch das SDSG 30 ff
- außerhalb des Anwendungsbereichs des SDSG 52 ff

Eigentum (Art. 14 GG)
- als mit der Einsichtnahme in das KV-Kataster kollidierendes Recht 67 f
- im Hinblick auf Grund und Boden 69 ff
- im Hinblick auf das Recht am eingerichteten und ausgeübten Gewerbebetrieb 72

Eingerichteter und ausgeübter Gewerbebetrieb
- als mit der Einsichtnahme in das KV-Kataster kollidierende Rechtsposition 35 f
- siehe auch: Eigentum

Sachregister

Einsichtnahme in Datensätze
- als Datenverarbeitung im Sinne von § 1 Abs. 1 SDSG 16 f
- als mögliche Beeinträchtigung "schutzwürdiger Belange" im Sinne von § 1 Abs. 1 SDSG 21
- als Datenübermittlung im Interesse des Empfängers 30 ff

Informationelle Selbstbestimmung
- das Recht auf informationelle Selbstbestimmung als Maßstab für die Verfassungskonformität des SDSG 24 ff
- Konsequenzen des Rechts auf informationelle Selbstbestimmung für die Rahmenbedingungen der Einsichtnahme 46, 55, 58 f
- das Recht auf informationelle Selbstbestimmung als Grundlage für den Datenschutz über den Anwendungsbereich des SDSG hinaus 26, 53 ff, 58
- Anwendbarkeit des Rechts auf informationelle Selbstbestimmung auf juristische Personen 56 ff

Katastergesetz (Saarländisches)
- als mögliche spezielle Vorschrift im Sinne von § 2 Abs. 2 SDSG 22

KV-Kataster kontaminationsverdächtiger Flächen
- Inhalt bzw. Informationsgehalt 11 ff

Personenbezogene Daten im Sinne von § 3 Abs. 1 SDSG
- als Inhalt des KV-Katasters 17 ff

Rechtsschutz Betroffener 46, 55, 58

Saarländisches Datenschutzgesetz (SDSG)
- Anwendbarkeit 15 ff
- siehe auch: Datenschutz

Schutzwürdige Belange des Betroffenen
- als Legitimation für Datenschutzmaßnahmen 34 ff, 55, 58
- Begriffsinhalt 21, 34 f

- durch die Einsichtnahme möglicherweise berührte 21, 35 f, 55, 58
  Subsidiarität
- des Saarländischen Datenschutzgesetzes 21 f

Unterrichtung des Betroffenen über die Einsichtnahme 49 ff

Verfassungskonformität des SDSG
- Übergangszeit zur Anpassung an das Recht auf informationelle Selbstbestimmung 23 f
- Vereinbarkeit mit dem Recht auf informationelle Selbstbestimmung 24 ff
- Vereinbarkeit mit dem Bestimmtheitsgebot 28 f
- Vereinbarkeit mit dem Zweckbindungspostulat 29

Verwendung von Daten
- siehe: Zweckbindungspostulat

Zulässigkeit der Einsichtnahme nach dem SDSG
- Feststellung der Voraussetzungen 22, 30 ff

Zweckbindungspostulat
- Sicherstellung des 29, 43 ff

Altlasten

Bewertung, Sanierung, Finanzierung

Herausgegeben von Prof. Dr. jur. Dipl.-Pol. Edmund Brandt

2., vollständig neu bearbeitete und erweiterte Auflage 1990.
224 Seiten mit 31 Abbildungen und Tafeln. Format 15 x 21 cm.
Kartoniert DM 89,– / ISBN 3-89367-014-9

Bereits die erste, bald wieder vergriffene Auflage wurde von der Fachwelt und der gesamten Fachpresse als ein wichtiger Beitrag zur Bewältigung der immer brisanter werdenden Altlastenproblematik gewürdigt. Die jetzt vollständig überarbeitete und um wichtige Teile erweiterte zweite Buchauflage berücksichtigt die seither eingetretenen Erkenntnisse und Entwicklungen.

Der für den Leser entscheidende Vorzug des Werkes, sein interdisziplinäres Konzept, insbesondere die Behandlung ingenieurwissenschaftlicher Aspekte in ihren politisch-rechtlichen Zusammenhängen, ist unverändert beibehalten worden. Ausgewiesene Fachleute unterschiedlicher Fach- und Wissenschaftsbereiche haben ihre Beiträge geleistet, um in dieser fachübergreifenden Form zur Lösung drängender Probleme in den Gemeinden und in der Industrie beizutragen.

In erweiterter Thematik ist das Buch unterteilt in drei große Bereiche: Bestandsaufnahme und Bewertung, Sanierung, Haftung und Finanzierung.

Zunächst geht es um quantitative und qualitative Fragen der Untersuchung und Bewertung von Altlasten sowie um die Bestandsaufnahme ermittelter Altlasten. Für den Leser wichtige Beiträge zur Festlegung von Prioritäten und für den sinnvollen Ressourceneinsatz!

Einen größeren Raum nehmen die Abhandlungen zur Sanierung selbst ein. Kriterien für Sanierungskonzepte und -techniken, kritische Einschätzungen von Lösungsansätzen sowie exemplarische Beispiele und Berichte aus der Praxis bieten dem Leser eine Fülle von wichtigen, bisher kaum zugänglichen Arbeitsunterlagen. Hervorzuheben ist hier vor allem eine vergleichende Übersicht der heute gebräuchlichen Sanierungstechniken!

Abschließend werden in einem weiteren eigenständigen Teil die Haftungs- und Finanzierungsfragen ausführlich behandelt: Möglichkeiten der Finanzierung, Überlegungen zum Finanzbedarf und die kritische Wertung bereits praktizierter Finanzierungsmodelle.

EBERHARD BLOTTNER VERLAG
Fachbücher für wirksamen Umweltschutz · 6204 Taunusstein

Stadtböden

Entwicklungen, Belastungen, Bewertung und Planung
Von Prof. Dr.-Ing. Jürgen Pietsch und Dipl.-ökol. Heino Kamieth
1990. 250 Seiten mit zahlreichen Bildern und Tafeln. Format 15 x 21 cm. Kartoniert
DM 89,– / ISBN 3-89367-004-1

Die Umweltdimension von Böden in städtischer Nutzung wird umfassend und planungsorientiert behandelt: von den Phasen und Formen städtischer Bodenbildung über die spezifischen Einflüsse, Funktionen, Belastungen und dem aktuellen Problemfeld Altlasten bis zu zukunftsweisenden Methoden und Techniken bei Erfassung, Beurteilung, Behandlung sowie bei Entwicklung geeigneter Planungsstrategien.
Behandelt wird die gesamte Spanne urbaner Überformungen von nutzungsspezifischen Belastungen über die „Versiegelung" bis hin zu den "Altlasten". Neueste Forschungsergebnisse und geeignete Methoden zur Erfassung und Beurteilung urbaner Böden werden vermittelt. Das Buch bietet zukunftsweisende Rahmenkonzepte zur Integration von bodenbezogenen Daten in (kommunale) Umwelt-Informationssysteme.
Praxisbezogene Regeln vermitteln wertvolle Hinweise für die Bestimmung geeigneter Umweltqualitätsziele, für Bauleit- und Landschaftsplanung, für Umweltfachplanungen, für die Durchführung von Umweltverträglichkeitsprüfungen usw.

Bodenschutz in Stadt- und Industrielandschaften

Arbeitsgrundlagen u. Handlungsempfehlungen für den kommunalen Bodenschutz
von Wilfried Graf zu Lynar, Uta Schneider und Ernst Brahms.
Herausgegeben von Prof. Dr. Karl-Hermann Hübler, IfS Institut für Stadtforschung und Strukturpolitik (Berlin) in Zusammenarbeit mit ARUM, Arbeitsgemeinschaft Umweltplanung (Hannover)

1989. 130 Seiten mit 15 Abbildungen und 31 Tabellen. Format 15 x 21 cm. Kartoniert
DM 59,– / ISBN 3-89367-008-4

In der vorliegenden Untersuchung sind zahlreiche Vorschläge zusammengefaßt, die geeignet sind, den Bodenschutz in Politik, Verwaltung, Stadt- und Landschaftsplanung und in private Entscheidungen umzusetzen. Es werden unter anderem Freiflächen-Richtwerte für die Bebauungsplanung dargestellt, die Funktion von kommunalen Flächenhaushaltsberichten erläutert, die Einführung von Bodenschutzgebieten und Bodenschutzklauseln in Miet- und Pachtverträgen diskutiert sowie finanzielle Anreizstrategien, Handlungsansätze für den Umgang mit Altlasten und umweltentlastende Branchenkonzepte für Gewerbebetriebe vorgeschlagen. Bisher bestehende Grenzen, aber auch Möglichkeiten, vorhandene und zukünftige Bodenbelastungen in Ballungsgebieten zu „entschärfen", werden am Beispiel Berlin und Hannover aufgezeigt.

EBERHARD BLOTTNER VERLAG
Fachbücher für wirksamen Umweltschutz · 6204 Taunusstein

Bewertung der Umweltverträglichkeit

Bewertungsmaßstäbe und Bewertungsverfahren für die Umweltverträglichkeitsprüfung

Herausgegeben von Prof. Dr. Karl-Hermann Hübler und Dipl.-Ing. Konrad Otto-Zimmermann

1989. 180 Seiten mit zahlreichen Abbildungen und Tabellen. Format 15 x 21 cm. Kartoniert DM 69,– / ISBN 3-89367-002-5

Es geht hier um die Wertmaßstäbe und Bewertungsverfahren, also jene Fragen, die für das Instrument der UVP von zentraler Bedeutung sind.

Inhaltsübersicht: Bewertung der Umweltverträglichkeit – Einführung / Umweltethik und UVP / Grenz- und Richtwerte als Bewertungsmaßstäbe für die Umweltverträglichkeitsprüfung / Umweltqualitätsziele, Umweltstandards und ökologische Eckwerte/ Ökologische Eckwerte für den Arten- und Biotopschutz / Vorgaben für die UVP / Bewertungsverfahren – der handlungsbezogene Kern von Umweltverträglichkeitsprüfungen / Methodische Hinweise zur Durchführung der UVP in Kommunen / Bewertungsverfahren zwischen Qualitätsanspruch, Angebot und Anwendbarkeit

Die Verbandsklage im Naturschutzrecht

von Johann Bizer / Thomas Ormond / Ulrike Riedel

Schriften des Instituts für Umweltrecht (IUR). 1990. 120 Seiten. Format 15 x 21 cm. Kartoniert DM 49,– / ISBN 3-89367-012-2

Inhaltsübersicht: Sinn und Zweck der Verbandsklagen: Arten von Verbandsklagen. Verbandsklagen außerhalb des Naturschutzrechts. Bedeutung objektiver Rechtskontrolle für den Naturschutz. Objektive Rechtskontrolle des Naturschutzrechts im Ausland.

Aktueller Stand der Diskussion über die gesetzliche Einführung der Verbandsklage. Argumente gegen die Verbandsklage. Stellungnahme zu den Einwänden. Zur verfassungsrechtlichen Zulässigkeit der naturschutzrechtlichen Verbandsklage. Erfahrungen mit der Verbandsklage im In- und Ausland. Die Verbandsklage im Bundesnaturschutzgesetz. Regelungsvorschlag, der den Erfahrungen mit der Verbandsklage Rechnung trägt.

EB EBERHARD BLOTTNER VERLAG
Fachbücher für wirksamen Umweltschutz · 6204 Taunusstein

Rechtsfragen der Bodenkartierung

Ermächtigungsgrundlagen. Kollidierende Rechtsgüter. Kartiergesetz

von Rechtsanwalt Eckart Abel-Lorenz
(Leiter des Instituts für Umweltrecht, IUR, Bremen)

und Prof. Dr. jur. Dipl.-Pol. Edmund Brandt
(Universität Hamburg, Fachbereich Rechtswissenschaft II)

1990. 208 Seiten. Format 15 x 21 cm. Kartoniert DM 89,-- ISBN 3-89367-013-0

Die rechtlichen Probleme beim Bodenschutz beginnen bereits bei der Bodenkartierung, also bei der Bestandsaufnahme, die Klarheit darüber schaffen soll, welche Eigenschaften der Boden an einer bestimmten Stelle besitzt, in welchem Zustand er sich befindet, welche Nutzungsmöglichkeiten sich ergeben und welcher Sanierungsbedarf besteht.

Auf Veranlassung des Umweltbundesamtes haben die Autoren die damit zusammenhängenden Rechtsprobleme geprüft. Möglichkeiten nach geltendem Recht, kollidierende Rechtsgüter bei der Kartierung selbst und bei der Verwertung der Kartierergebnisse werden erörtert. Fragen des Datenschutzes sowie die im Zusammenhang mit der Kartiertätigkeit bestehenden Haftungsprobleme spielen dabei eine wichtige, im Buch ebenfalls erläuterte Rolle. Ferner haben die Autoren Eckpunkte für ein Kartiergesetz entwickelt.

Das Buch ist in fünf Abschnitte unterteilt:
In Teil 1 werden mögliche Ermächtigungsgrundlagen für eine Bodenkartierung im geltenden Recht geprüft. Einbezogen werden u.a. das Naturschutzrecht, das Gewässerschutzrecht, das Abfallrecht, das Planungsrecht, das Landschaftsrecht und das Statistikrecht.
Im Teil 2 schließt sich eine entsprechende Prüfung im Hinblick auf die Verwertung der Kartierergebnisse an. Es zeigt sich, daß für den Umgang mit den gewonnenen Daten noch keine ausreichenden Rechtsgrundlagen zur Verfügung stehen.
Teil 3 ist der Erörterung derjenigen Rechtsgüter gewidmet, die möglicherweise einer Bodenkartierung im Wege stehen könnten. Hierzu zählen insbesondere auch Aspekte des Datenschutzes.
Im Teil 4 werden auf der Grundlage der bisherigen Darstellungen Eckpunkte eines Kartiergesetzes entwickelt sowie Fragen der Gesetzgebungskompetenz erörtert.
Teil 5 beschäftigt sich mit Haftungsfragen, die sich im Zusammenhang mit der Bodenkartierung stellen.

EB EBERHARD BLOTTNER VERLAG
Fachbücher für wirksamen Umweltschutz · 6204 Taunusstein